둥글둥글 지구촌
문화유산 이야기

함께 사는 세상 5

둥글둥글 지구촌
문화유산 이야기

한미경 글 | 유남영 그림

작가의 말

세상에서 가장
아름다운 꽃을 찾아서

나중에, 세상을 떠나야 할 때가 온다면 여러분은 무얼 남기고 싶으세요? 사람마다 조금씩 다르겠지요. 그러나 소중한 것을 유산으로 남겨 주려는 마음은 다 같을 거예요.

수백 년, 수천 년 전 지구촌 조상님들은 우리에게 소중한 문화유산을 남겼어요. 문화유산은 사람이 만든 아름다운 꽃이에요. 가장 멋지고 가치 있는 문화만이 후손에게 유산으로 전해지니까요.

이 책에는 유네스코 UNESCO: 국제연합 교육 과학 문화기구 가 정한 수백 가지의 문화유산 가운데 세상에 많이 알려진 22가지 문화유산을 담았어요. 문화유산에 얽힌 재미난 이야기, 슬픈 이야기, 안타까운 이야기와 함께요.

지구 반대편이나 우리가 잘 모르는 땅에 있는 문화유산은 낯설기도 해요. 그러나 서로에 대해 알아 가다 보면 어울릴 친구도 더 많아지고, 세상살이도 더 즐겁지 않겠어요?

언젠가 일본인 친구가 우리나라의 장경판전을 보고 싶다고 했어요. 저는 기꺼이 그 친구를 경상남도의 합천 해인사로 데려갔어요. 장경판전을 둘러보며 고개를 끄덕이는 그 친구가 얼마나 가깝게 느껴졌는지 몰라요.

문화유산을 소개하는 책은 많아요. 저는 이 책에 문화유산에 얽힌 이야기보따리를 활짝 풀었어요. 그 이야기 속에는 특별한 선물이 들어 있어요. 힌트를 드리자면, 우리나라의 장경판전에는 마술에서나 봄직한 꽃이 한 송이 있답니다. 빛과 그림자로 태어난 빛의 연꽃이에요.

수백 년 동안 날마다 피어나는 그 신기한 꽃을 놓치지 마세요. 중국의 만리장성에는 벽돌 하나하나에 담긴 귀한 생명의 그림자가 있어요. 세상에서 가장 긴 장성을 보면서 수많은 사람의 희생을 잊지 말았으면 해요.

인도네시아의 보로부두르 사원에는 탑에 갇힌 공주가 나와요. 악마에게 영혼을 판 왕자가 청혼하지만, 공주는 용기를 내어 거절하지요. 공주의 용기에 여러분이 박수를 보내준다면 공주는 비록 탑에 갇혀서도 마음은 자유로울 거예요.

여러분이 어떤 선물을 찾게 될지 궁금해요. 22가지 문화유산에 숨어 있는 선물들을 모두 찾았으면 좋겠어요. 그래서 책장을 덮을 즈음, 여러분이 지구촌 구석구석에 피어난 아름다운 문화의 꽃을 즐기며, 지구촌 친구들과 어깨동무할 수 있으면 좋겠어요.

2009년 12월

한 미 경

차 례

작가의 말-세상에서 가장 아름다운 꽃을 찾아서 4

1 아시아

대한민국-해인사 장경판전 호랑이가 품고 있는 장경판전 12   빛과 바람의 과학으로 오랜 세월을 견디다 14   경판과 판전을 구한 사람들 17

중국-만리장성 만리장성은 진시황이 쌓은 걸까? 20   만리장성은 중국의 역사 23   맹강녀의 눈물 25

일본-호류사의 불교 기념물군 호류사와 쇼토쿠 태자 28   아버지를 낫게 해 주세요 31   일본의 절에 깃든 우리 조상의 숨결 32

캄보디아-앙코르 크메르 제국의 왕도 36   앙코르에서 가장 아름다운 유적, 앙코르 와트 38   사원 벽에 조각된 신비한 이야기 40   자연에 파괴되는 위태로운 유산 43

인도네시아-보로부두르 사원 이슬람 국가에 자리 잡은 거대한 불교 사원 46   모든 백성을 위한 사원 47   천 번째 불상 49

인도-타지마할 무굴 제국의 위대한 유산 51   황후를 향한 사랑의 징표 53   선택된 궁전 55

이란-페르세폴리스 대제국 페르시아 57   제국의 영광, 페르세폴리스 60

터키-이스탄불 역사 지구 살아 있는 박물관, 비잔티움·콘스탄티노플·이스탄불 64   이스탄불을 손안에! 66   문화유산을 알아본 메흐메트 2세 68

2  유럽

그리스-아크로폴리스 아테나의 도시 아테네 74 아크로폴리스의 신전들 76 여러 신전의 기둥 모양 79 위기의 신전들 82

이탈리아·바티칸시국-로마 역사 지구 세계 역사의 중심지, 로마 역사 지구 83 수많은 유산 85 콜로세움에 영혼을 팔다 88

프랑스-베르사유 궁전과 정원 화려함의 대명사, 베르사유 92 베르사유 궁전을 지은 태양왕 94 폭풍처럼 불어 닥친 프랑스 혁명 96

스페인-알타미라 동굴 구석기 시대의 흔적 99 구석기 시대부터 있어 왔던 황소 101 왜 동굴에 그림을 그렸을까? 104

영국-스톤헨지 왜 돌을 남겼을까? 106 어떻게 생겼을까 108 고대인들의 놀라운 기술 110

독일-쾰른 대성당 나라를 지키려면 대성당을 지어야 112 동방 박사를 독일 최고의 성당으로 115 하늘에 더 가까이, 고딕 양식 117

폴란드-아우슈비츠 집단 수용소 끔찍한 역사의 시작, 수정의 밤 119 살인 공장을 만든 히틀러 121 인간 최대의 잔인함 123

러시아-크렘린과 붉은 광장 나라를 지키는 성벽 127 러시아의 상징, 아름다운 크렘린 129 붉은 광장에 붉은 색이 없다 130

3 아메리카

미국-자유의 여신상 선물에 담긴 뜻 136   자유의 여신, 태어나다 138   미국에 우뚝 선 자유의 상징 141

페루-마추픽추 잉카의 흔적, 마추픽추 143   인간이 살기에 가장 좋은 곳, 고원 도시 145   짓밟힌 잉카의 복수 148

4 오세아니아

오스트레일리아-시드니오페라하우스 오렌지와 오페라하우스 152   공연의 천국, 오페라하우스 155

5 아프리카

이집트-피라미드 지대 지상 최고의 신비로운 무덤, 피라미드 160 피라미드는 과연 누가 만들었을까? 162 가장 거대한 피라미드 164

에티오피아-오모 강 하류의 선사 시대 유적지 자연사 박물관, 오모 강 하류 167 화석으로 인류의 역사를 밝히다 169 사람의 조상은 원숭이? 172

세네갈-최초의 노예 무역 기지 고레 섬 노예를 나르던 곳, 고레 섬 174 비극적인 삼각 무역의 중심지 176 지울 수 없는 과거 179

세계 유산 이해하기 181

1 아시아

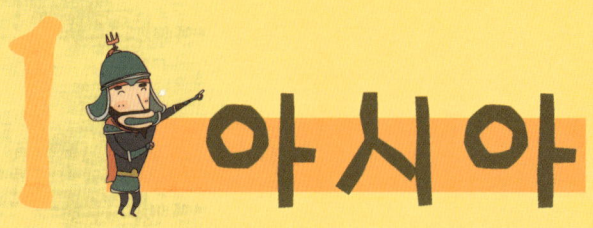

아시아는 세계 유산이 가장 많은 땅이야. 땅덩이도 넓지만, 아주 오래 전부터 문명을 일으킨 곳이 많기 때문일 거야. 세계에 이름난 문명 중에서 이집트 문명을 빼면, 중국의 황하 문명, 인도의 인더스 문명, 이라크의 메소포타미아 문명이 다 아시아 문명이잖아.

문명이 일어난 곳은 일찍이 도시가 발달한 곳이지. 그래서 터키의 이스탄불이나 이란의 페르세폴리스처럼 아시아에는 도시 전체가 유산인 곳이 많아.

아시아는 여러 종교가 태어난 곳이기도 해. 토속 신앙을 빼면 기독교, 이슬람교, 불교, 힌두교의 고향이 다 아시아야. 그래서 아시아에는 사원도 많아. 우리나라 스님들이 지은 일본의 불교 사원인 호류사, 밀림 속 힌두교 사원인 캄보디아의 앙코르, 수많은 불상이 있는 인도네시아의 보로부두르 불교 사원이 있어.

아시아에는 사원 말고도 세상에서 가장 아름다운 무덤인 타지마할도 있고, 세상에서 가장 긴 성벽인 만리장성도 있어. 인공적인 꾸밈 하나 없이도 입이 떡 벌어지게 만드는 아름답고 과학적인 도서관, 장경판도 있지. 그 도서관에는 인류 문명 최고의 꽃인 인쇄 기술을 보여 주는 나무로 된 경판도 있어.

이들 유산에는 가슴 저리면서도 아름다운 이야기들이 담겨 있어. 세계에서 땅덩이가 가장 넓고, 사는 사람도 가장 많은 아시아의 세계 유산에 담긴 이야기들을 들어 봐.

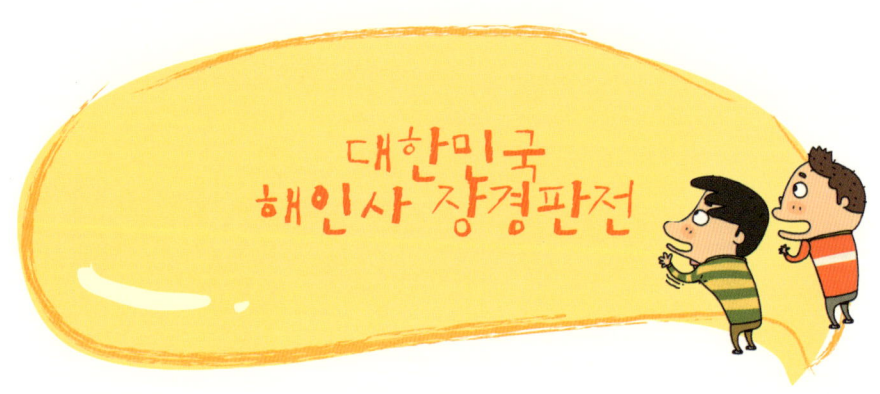

 호랑이가 품고 있는 장경판전

    아시아 대륙의 동쪽 끝에는 기운 넘치는 호랑이의 나라가 있어. 앞발을 치켜들고 대륙을 호령하는 듯한 땅 모양을 한 나라는 대한민국이야. 대한민국에는 이름난 산이 많아. 특히 호랑이의 기운이 모두 모인다는 배꼽 아래쪽, 그러니까 경남 합천에는 가야산이 있는데, 산 중의 산이라고 해. 그 가야산 네 봉우리가 병풍처럼 둘러싼 아늑한 품에 아주 특별한 건물이 있어. 바로 팔만대장경 판을 보관하는 장경판전이야.

    장경판전은 경판을 보관하려고 일부러 지은 건물이야. 경판을 위해 지은 세계에서 유일한 도서관인 셈이지. 경판은 부처님의 말씀을 새긴 판인데, 판의 수가 8만 1천258장이어서 팔만대장경 판이라고 해. 해인사 맨 뒤쪽에 길쭉한 일자 건물 두 채에 이들 경판이 있는데, 760여 년이 지난 지금까지도 완벽하게 인쇄할 수 있을 정도로 잘 보관돼 있어.

원래 팔만대장경 판처럼 나무로 만든 목판은 금세 썩고, 곰팡이나 벌레가 잘 생겨서 오래 보관하기가 힘들어. 그런데 온도 조절기나 습도 조절기도 없이 수백 년이 지난 지금까지 보존이 잘 된 것은 다 장경판전 덕분이야.

장경판전에는 구석진 곳에도 거미줄 하나 없어. 쥐가 드나들며 경판을 갉아먹지도 않고, 곤충이 슬지도 않아. 심지어 새똥도 떨어지지 않아. 새들이 피해 다니거든. 신기한 마술처럼 말이야.

그러나 이건 마술이나 우연이 아니야. 바로 과학 건축의 위대한 힘이야.

앞채와 뒤채가 나란히 서 있는 장경판전은 양 옆구리에도 짤막한 건물이 있는데, 이들은 주로 스님들의 개인문집을 새긴 판을 보관한다.

빛과 바람의 과학으로 오랜 세월을 견디다

장경판전은 정확히 언제 지어졌는지 기록에 없어. 없는 게 아니라 고단한 역사 속에서 우리가 잃어버렸다는 게 맞는 말일 거야. 다만, 전문가들은 1398년에 지어졌을 거라고 추측하고 있어.

그 옛날에 우리 선조들이 발휘한 최고의 건축 기술의 비밀은 무엇일까? 그것은 오직 빛과 바람을 이용한 과학적이고 합리적인 건축 기술이야.

조상님들은 우선 산세를 살펴, 그리 가파르지 않은 곳에 판전의 터를 잡았어. 가파른 산 속은 해가 금세 떨어져 햇빛이 모자라거든. 그렇다고 햇빛이 너무 강해도 안 돼. 강한 직사광선이 나무 경판을 상하게 하지. 또 아침, 저녁으로 온도 차가 많이 나도 좋지 않거든. 그래서 정남쪽에서 약간 서쪽으로 건물의 방향을 틀었어.

우리나라 건물은 햇빛을 잘 이용하려고 보통 남쪽 한가운데를 보게 짓지만, 판전은 특별한 임무를 지니고 있으니 그렇게 한 거야.

지붕의 처마도 철저하게 계산해서 내렸어. 햇빛이 가장 깊이 들어오는 동지_{일 년 중 밤이 가장 길고 낮이 가장 짧은 날로 12월 22일 무렵} 때, 가운데 책장의 맨 아래 선반까지 빛이 닿도록 딱 맞췄어. 그러면 일 년 내내 햇빛이 경판에 직접 닿는 일이 없어.

나무로 만든 경판은 습기가 차지 않도록 바람을 통하게 하는 게 중요해. 습기가 나무에 머무르면 미생물들이 많아져 쉬 상하거든. 습기를 머무르지

못하게 하는 것은 바람이야. 바람 부는 날에는 빨래가 보송보송 마르잖아.

조상님들은 창의 크기로 그 답을 찾았어. 판전의 창문 크기를 건물의 앞뒤, 위아래를 서로 다르게 만들었지. 그러면 바람이 판전의 구석구석을 어루만지며 고루 돌아나가기 때문에 습기가 머물 틈이 없게 돼.

이렇게 자연과 한 몸을 만들어 온도나 습도가 자동으로 조절되도록 배려한 장경판전은 인류 최고의 친환경 과학 건축이야.

조상님들은 이것만으로 안심하지 않았어. 건물 안쪽 흙바닥에는 숯과 횟가루, 소금을 모래와 함께 섞어 넣었지. 이런 재료는 물기가 적은 가뭄에는 물기를 뱉어 내고, 축축한 장마철에는 물기를 빨아들여. 그 덕분에 자동으로 습도가 조절되는 것은 물론 해충도 얼씬거리지 못해. 쥐도 새도 곤충도 드나들지 않은 데는 이런 과학 기술이 숨어 있었던 거야.

건물 안에는 아무런 장식도 하지 않고, 지붕 바로 밑 공간은 넓게 만들었어. 바람이 충분히 통하고 불필요한 습기가 남지 않도록 한 거야.

그런데 판전을 드나드는 문 앞에는 수백 년 동안 피는 꽃이 있어. 둥글게 구멍을 낸 문과 담장 처마의 기와가 만든 그림자를 봐. 꼭 연꽃 같지? 햇빛이 있는 날, 오후 2시가 되면 어김없이 활짝 피는 연꽃이야. 뿌리도, 줄기도, 잎도 없는데 매일 피어나는 꽃이라니!

우리 조상님들은 판전에 칠 하나, 꾸밈 하나 허락하지 않았어. 경판을 보호하기 위해 그렇게 한 거야. 그러나 바로 그 점이 아쉬우셨나 봐. 오직 빛과 그림자로 하루 한 송이씩 눈부신 연꽃을 후손들에게 선물해 주신 거야. 수천, 수만의 인공 장식물보다 귀하고 아름다운 꽃을 말이야.

 ## 경판과 판전을 구한 사람들

경판과 판전은 위험한 순간을 여러 번 겪었어. 그 위험한 순간에 목숨을 걸고 유산을 지켜낸 사람이 있어. 바로 공군 김영환 대령이야.

때는 한국 전쟁 중이었어. 우리 군과 유엔군이 합동으로 공격을 하자 북한군이 밀리고 있었지. 도망갈 길을 찾지 못한 인민군은 가야산, 해인사로 숨어 들었어.

유엔군은 우리 공군의 김영환 대령에게 명령했어. 인민군이 숨어든 해인사를 폭파하라는 거였지. 명령이라면 반드시 따라야 하는 게 군인이잖아. 그런데 김 대령은 부하들에게 반대로 명령을 내렸어. 해인사를 절대로 폭파하지 말라고.

그날 저녁, 유엔군 상관은 화가 잔뜩 나서 김 대령에게 따졌어.

"당신은 어째서 명령에 따르지 않았소?"

군대에서 명령을 따르지 않는 것은 목숨을 내놓는 것과 같아. 그런데 김 대령은 너무나 떳떳하게 대답했어.

"해인사에는 우리나라의 조상들이 물려준 소중한 유산이 있기 때문입니다."

유엔군 상관은 기가 막혀서 비꼬듯이 말했어.

"오호라, 당신한테는 나라보다 절이 더 중요하다는 말입니까?"

"물론 아닙니다. 세계 제2차 대전 때 연합군은 파리에 있는 독일군을 잡으려고 파리를 불태우지 않았습니다. 독일군 장교 또한 히틀러의 명령에도 파리를 폭파하지 않았습니다. 그것은 문화재를 보존하기 위해서였습니다. 문화재는 한 번 불타면 영원히 사라지니까요.

영국 사람들은 말하기를, 영국의 유명한 작가 셰익스피어는 인도와도 바꾸지 않는다고 합니다. 우리나라의 팔만대장경과 장경판전은 영국의 셰익스피어와 인도를 다 준다 해도 바꿀 수 없는 소중한 유산입니다. 북한군은 다른 방법으로 열심히 잡겠습니다."

유엔군 상관은 아무 말도 하지 못했어. 그리고 우리나라에 훌륭한 군인이 있다는 것을 부러워했지. 김 대령이 한 일이 얼마나 신중하고 현명한 일이었는지 나중에는 나라에서도 깨달아 장군으로 승진시키고 훈장까지 주었대.

김 대령이 목숨을 걸고 지켜낸 경판은 당시의 기술로는 세계에서 가장 앞선 인쇄술이야. 부처님에 대한 믿음으로 몽골의 침입을 막아 보려고 만든 건데, 8만 장이 넘는 엄청난 양의 경전을 새긴 것으로도 대단한 가치가 있어.

그런데 그 많은 글씨가 마치 한 사람이 쓴 것처럼 필체가 고르고 아름답다는 거야. 경판은 정확히 8만 1천258장이며 글자 수로는 5천2백여 만 자여서 줄잡아도 수백 명의 장인이 글자를 새겨야 했을 텐데 말이야. 그러니 더욱 놀랄 일이지.

  김영환 대령은 이런 가치를 알았기 때문에 목숨을 걸고 유산을 지켜 냈던 거야.

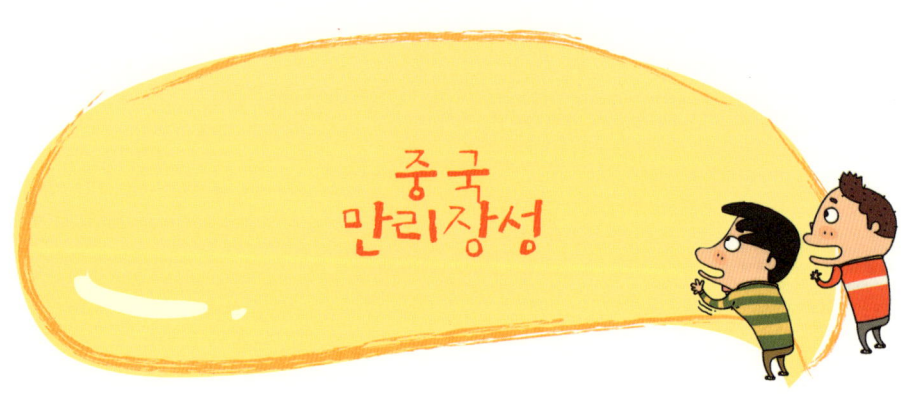

 만리장성은 진시황이 쌓은 걸까?

　중국 사람들은 중국 땅덩이가 닭처럼 생겼다고들 해. 닭은 동쪽을 보고 있는데, 닭의 목덜미인 발해만 근처에서부터 성벽이 있어. 성벽은 닭의 꼬리 깃털이 시작되는 중앙아시아까지 서쪽으로 길게 이어져. 산등성이를 따라 쌓은 성벽은 어찌나 긴지 끝이 보이지 않아. 중국의 거리 단위_{중국 진나라 때 1리는 578미터며, 지금은 500미터가 1리다. 우리나라는 전통적으로 393미터가 1리다}로 따지면 만 리가 넘어. 그래서 이 성벽을 만리장성이라고 불러.
　장성은 구불구불 산을 감고 있어서 거대한 용처럼 보여. 길이만 긴 게 아니고, 폭도 넓어서 말 여섯 필이 나란히 달릴 수 있을 정도야. 사람이 만들었다고 하기에 믿기지 않을 정도로 길고 튼튼한 방패막인 거지.
　만 리나 되는 장성이 다 그렇게 튼튼하고 폭이 넓은 것은 아니야. 그렇지만 관광객을 위해 케이블카로 이어 놓은 팔달령 쪽으로 올라서면 입이

쩍 벌어져. 산 위에 넓고 긴 장성이 끝 간 데 없이 펼쳐지거든.

그렇다면 높은 산등성이에 길고 긴 성벽을 누가 쌓았을까?

먼 옛날, 중국에는 일곱 나라가 힘겨루기를 하던 시절이 있었어. 전쟁을 하도 많이 하던 시절이라 전국 시대* 라고 해.

중국의 전국 시대

한나라의 왕족인 유향이 쓴 《전국책》에서 전국 시대라는 말이 나왔다. 기원전 403년에서 기원전 221년(사마광의 자치통감에서), 중국의 여러 나라가 우두머리가 되려고 싸우던 시대를 말한다. 학자에 따라 시작 시기를 조금씩 다르게 보기도 한다. 100여 나라가 넘던 춘추 시대를 지나 전국 시대에는 힘을 다투는 그야말로 전쟁을 하는 시대였다. 춘추 시대에는 주나라의 왕실을 중국 전체의 주인이라고 여겼는데, 전국 시대에는 오로지 힘으로 이긴 나라가 주인이 됐다. 《삼국지》도 전국 시대의 이야기며, 우리가 잘 알고 있는 맹자와 순자 등 많은 사상가가 이때 사람들이다. 전국 시대 다음은 중국 땅을 통일한 진나라 시대다.

여러 나라 중에서 가장 힘이 센 나라는 진나라였어. 진나라의 왕, 영정 _{중국 진나라 제대 황제 기원전259~기원전210년}은 싸움 선수였거든. 싸움을 했다 하면 이기는 거야. 드디어 영정은 중국의 드넓은 땅을 모두 차지하고 중국 전체의 왕이 됐어.

영정은 황제라는 말을 처음으로 쓰기 시작했어. 중국 신화에 나오는 왕의 이름인 삼황오제에서 따온 거야. 여기에 처음이라는 뜻의 '시始'를 붙여 '시황제'가 됐어. 시황제의 말이라면 중국 땅이 벌벌 떨었지.

그런 시황제한테도 고민이 있었으니, 그건 바로 북쪽에서 진나라를 기웃거리는 흉노족이었어. 시황제는 흉노족 때문에 다리를 뻗고 잘 수가 없었지. 그래서 힘센 장수, 몽염을 불렀어.

"군사 30만 명을 내줄 테니, 그대는 오랑캐가 쳐들어오지 못하도록 북쪽에 성을 쌓아라."

　몽염은 시황제의 명령을 받들어 북쪽으로 갔어. 산 위에는 이미 군데군데 성이 있었지. 진나라가 생기기도 전인 춘추 시대 사람들이 쌓아 놓은 성이었어. 춘추 시대는 전국 시대 전에 중국이 100여 개의 나라로 쪼개져 있던 시대야. 몽염은 그 성들을 잇고, 또 서쪽으로 더 길게 쌓아 나갔어.

 **만리장성은 중국의 역사**

장성의 길이가 긴 것처럼 장성을 쌓은 시간도 길고 길어. 그래서 만리장성은 곧 중국의 역사라고 할 정도야. 만리장성이 처음부터 길었던 건 아니고, 여러 장성을 잇고 이어서 세계에서 가장 긴 성이 된 거야. 그 길고 긴 장성들의 이야기를 들어 봐.

중국의 역사는 농사를 짓던 사람들과 가축을 치던 사람들의 경쟁의 역사야. 농사를 짓던 농경 민족은 중국의 넓은 들판을 차지하고 있었고, 북쪽에서 가축을 치던 유목 민족인 흉노족은 물과 풀이 있는 곳을 찾아 떠돌아다녔지. 이들 농경 민족과 유목 민족 사이에 바로 장성이 있었어.

진시황은 진나라를 지키려고 30만 대군을 북쪽으로 보냈지만, 진나라는 15년 밖에 견디지 못했어. 전쟁 뒤, 쉴 틈도 주지 않고 백성들을 고되게 부렸거든. 성 쌓으랴, 궁궐 지으랴, 죽지도 않은 왕의 무덤 준비하랴, 지친 백성들이 마침내 군사를 일으켰던 거야. 나라를 지켜 내려고 장성을 쌓았는데, 그런 힘든 일 때문에 나라가 망하게 된 셈이야.

진나라가 망하자 '유방'이란 한족 사람이 다시 중국을 통일하고 한나라를 세웠어. 유방은 흉노족을 무찌르려고 먼저 싸움을 걸었어. 하지만 오히려 크게 지고 말았지. 진나라 때 갈라졌던 흉노의 여러 부족이 선우라는 지도자를 중심으로 한데 뭉쳐 힘이 세졌던 거야.

유방은 어쩔 수 없이 선우를 형님으로 대우했어. 황족의 딸을 선우에게 시집보내고 비단이며, 술이며, 쌀이며, 온갖 공물도 바쳐야 했지.

한나라에서 가장 힘이 셌던 7대 황제 무제는 흉노족이 쳐들어오지 못하게, 북쪽 국경에 장성을 더 쌓고, 서쪽으로도 장성을 더 이었어. 흉노족은 장성에 가로 막혀 잠시 주춤했어. 하지만 얼마 뒤에는 장성을 마음대로 드나들 정도로 또 힘이 세졌어.

겁이 난 한족은 이들을 피해 남쪽으로 내려가 남북조를 세웠어. 이 시기에 다시 쌓은 성의 위치가 바로 지금의 만리장성이 있는 곳이야.

그 뒤에 나타난 나라들도 북방 민족의 힘에 따라 움츠리다 기지개를 펴다 했어. 수나라는 장성을 보수하는 데 많은 힘을 기울였고, 당나라는 방어보다는 공격을 하느라 장성에는 별 신경을 안 썼어. 그 뒤에 장성은 돌담 이상도 이하도 아니게 됐어. 북쪽에서 힘을 키운 여러 유목 민족이 밀치고 내려와 중국을 차지했거든.

거란족의 요나라, 여진족의 금나라, 만주족의 원나라가 그들이야. 명나라에 와서 장성은 거의 현재의 모습으로 다시 태어났어. 그동안 진흙을 굳혀서 만들던 벽돌은, 불에 구운 벽돌로 바뀌었지.

우리가 관광으로 가서 보는 만리장성은 바로 명나라 때 만든 거야. 만리장성에는 기원전 4세기 제나라에서부터 17세기 명나라에 이르기까지 긴 세월의 역사가 모두 들어 있어. 또한 장성에는 수많은 사람의 목숨과 눈물도 담겨 있지.

맹강녀의 눈물

만리장성을 쌓다가 목숨을 잃은 사람이 어찌나 많던지, 중국에는 지금까지도 눈물 젖은 이야기가 전해 내려와.

진나라가 중국 땅을 다 차지하기 전, 제나라의 강태공 집에 웃음꽃이 활짝 피었어. 강태공의 맏딸이 갓 혼례를 올린 거야. 하지만 기쁨도 잠시, 혼례를 치른 지 열흘이 지났을 때, 부부는 생이별을 하게 됐어. 이웃에 있던 진나라가 쳐들어와 제나라를 차지하고, 남자 어른들을 다 잡아갔거든. 북쪽 오랑캐를 막으려면 장성을 쌓아야 한다는 거였어.

아내는 하염없이 울기만 하다가 찬바람이 부는 어느 날 정신을 차렸어.

'북쪽 땅은 얼마나 추울까. 따뜻한 옷을 지어 서방님께 가져가야지.'

밤을 새워 옷을 지은 아내는 동이 트자 길을 떠났어. 발이 부르트고 옷이 헤지도록 먼 길을 걸어, 드디어 성 쌓는 곳에 도착했지. 그런데 꿈에도 그리던 남편은 온데간데없었어. 이미 저세상으로 떠났던 거야.

아내는 남편의 갑작스런 죽음 앞에 넋을 잃고 말았어. 시신이라도 찾으려고 수소문을 했지만, 만나는 이마다 고개를 젓는 거야.

"매일 수많은 사람이 죽어 나가니 어찌 알겠소."

이 말을 듣고, 아내는 주저앉아 목 놓아 울었어.

"서방님, 어디에 계십니까! 장사지낼 시신조차 찾지 못하니, 어찌합니까!"

아내의 눈물이 후드득 성벽에 떨어졌어. 눈물이 성벽에 닿자, 성벽이 쩍 갈라지더니, 와르르 무너져 내렸어. 놀랍게도 성벽이 무너진 자리에 남편의 시신이 있었어.

아내는 울고 또 울었어. 눈물은 샘이 돼 흘렀지. 얼마 지나자 샘이 말라 버렸어. 아내도 남편을 따라 그만 저세상으로 떠난 거야.

만리장성을 쌓기 위해 30만 명의 군사와 수많은 농민이 고생했다고 해. 그런데 시신이 쌓여 장성이 됐다는 말이 있을 정도로 이때 죽은 사람이 많았대.

이런 고통과 함께 만리장성이 생겨났지만 지금은 세계의 보물로 수많은 구경꾼을 부르고 있어. 그러나 장성을 직접 보게 된다면, 벽돌만큼 많은 사람의 희생을 한 번 쯤 떠올릴 일이야.

지도에서 보면 장성의 길이가 2천700킬로미터 정도 되지만 꾸불꾸불한 장성을 곧게 편다면 9천 킬로미터 가까이 된대. 중국에서 2009년에 정식으로 발표한 길이는 8천 851.8킬로미터야. 이곳을 전부 돌려면 비행기로도 7시간이나 걸린다나. 세계 그 어느 것과도 비교할 수 없을 정도로 크고 위대한 군사 건축물인 거지.

세월이 많이 지난 지금 만리장성의 벽돌이 하나씩 무너져 내릴 때마다 중국 사람들의 가슴도 무너져 내린다고 해. 아무리 크고 위대한 유산이라도 벽돌이 하나씩 망가지다 보면 소중한 유산의 수명이 그만큼 줄 테니까 말이야.

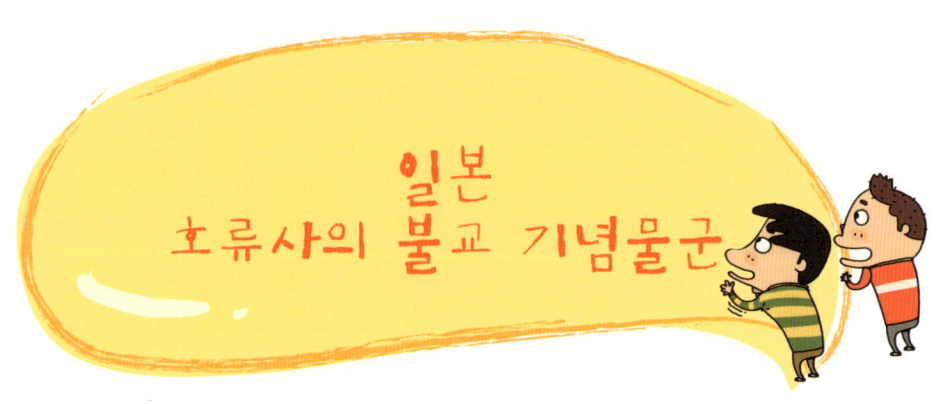

일본 호류사의 불교 기념물군

 호류사와 쇼토쿠 태자

사마귀처럼 생긴 일본 땅에서 가운뎃다리 즈음에는 역사의 고장인 나라현이 있어. 나라현은 일본의 역사만큼 나이를 먹은 건물과 역사 유적이 많아. 그중에서 호류사는 나라현에서 가장 이름난 절이야.

호류사는 일본에서 맨 먼저 세계의 인정을 받은 세계 유산이기도 해. 아름답기로 소문난 데다 일본에 있는 불교 건물 중에서도 으뜸이거든.

호류사에는 불교와 관련된 기념물이 50여 개나 있는데, 이들도 모두 뛰어난 불교 건축과 미술품으로 세계 유산이 됐어. 그 유산이 더욱 특별한 것은 고구려와 백제에서 건너간 우리나라 스님들의 손끝에서 태어났기 때문이야.

6세기 무렵, 백제의 성왕은 일본에 불교를 전해 주었어. 그 당시 일본은 수많은 신을 모시고 있었어. 씨족마다 모시던 조상신은 물론 산과 나무, 돌덩이, 벼락이나 뱀조차 신이 깃들어 있다고 믿었지. 지금도 백만이 넘는 신사에서, 팔백만이 넘는 신을 모시는 나라가 일본이라면 짐작이 갈 거야. 사정이 이러하니 불교를 선뜻 받아들이기가 쉽지 않았어.

불교가 들어오자 일본은 불교를 받아들이려는 가문과 그렇지 않은 가문으로 나뉘었어. 이들 사이에서 한바탕 싸움이 일어났지. 싸움은 자못 심각해서, 뒷날의 사람들은 이를 일본의 불교 전쟁이라고 불러.

불교 전쟁에서 이긴 가문은 쇼토쿠 태자의 가문으로 왕의 자리를 이었어. 쇼토쿠 태자는 백제에서 건너간 혜총 스님과 고구려에서 건너간 혜자

스님을 스승으로 모셨어. 그래서 그런지 어려서부터 부처님께 절도 잘하고 기도하는 것도 좋아했다고 해.

　쇼토쿠 태자의 고모가 왕이 되자, 쇼토쿠 태자는 왕과 함께 큰일을 많이 했어. 호류사를 짓고, 일본의 불교 발전을 위해서 애를 많이 썼지. 그래서 사람들은 쇼토쿠 태자를 마치 부처님처럼 모셨어. 호류사의 가장 중요한 건물인 금당에는 석가여래상이 모셔져 있는데, 바로 쇼토쿠 태자를 기려 만든 거야.

백제의 기술자들이 쇼토쿠 태자의 부탁을 받고 지었다는 호류사에는 금당과 오중탑이 있다. 금당(좌)과 오중탑(우)은 세계에서 가장 오래된 목조 건물로 유명하다.

 **아버지를 낫게 해 주세요**

쇼토쿠 태자가 호류사를 세운 데는 특별한 뜻이 있어. 쇼토쿠의 아버지였던 요메이 왕은 왕이 된 지 얼마 안 돼 병이 나고 말았어. 쇼토쿠 태자는 아버지 병을 낫게 해 달라고 부처님께 기도했지. 그런데도 요메이 왕의 병은 깊어만 갔어.

태자는 절을 지어 부처님께 바쳐야겠다고 생각했어. 그래서 절을 짓는 기술자들을 찾아갔지. 마침 일본에는 백제에서 보내 준 기술자들이 일본 최초의 절인 아스카 데라를 짓고 있었거든.

"아버님 병이 나을 수 있도록 절을 지어 주세요. 부탁입니다."

기술자들은 흔쾌히 승낙했어. 쇼토쿠 태자의 스승이던 고구려의 혜자 스님도 태자의 등을 토닥여 주었어. 혜자 스님은 고향이 평안도여서 사투리가 심하셨지.

"걱뎡 말라우. 기술댜들이 멋딘 뎔을 디어둘 테니끼니."

스님이 '절'을 '뎔'이라 말하니, 일본 사람들도 이 말을 따라 했어. 그래서 절은 '데라'가 됐지. 지금도 일본 사람들은 절을 데라라고 해.

백제의 기술자들은 아스카 데라를 잠시 미뤄 두고 쇼토쿠 태자가 부탁한 호류사를 짓기 시작했어. 그러나 태자의 정성에도 아랑곳없이 요메이 왕은 얼마 안 있어 세상을 뜨고 말았지. 백제의 기술자들은 호류사 짓던 손을 잠시 멈추었다가 나중에 다시 짓기 시작했어. 드디어 7세기 초, 나라 지방에 크고 아름다운 절, 호류사가 탄생한 거야.

 일본의 절에 깃든 우리 조상의 숨결

호류사에는 우리나라 스님들과 기술자들의 예술혼이 그대로 빛나고 있어. 백제의 성왕이 일본에 불교를 전한 뒤에, 성왕의 아들인 위덕왕은 일본에 백제의 건축가를 또 보냈어. 호류사의 가장 중요한 건물인 금당과 오중탑을 세우도록 돕기 위해서였지. 물론 그때까지 호류사를 짓던 사람들도 아스카 절을 짓던 백제의 기술자였어.

기술자들은 13만 평방미터나 되는 넓은 절터를 서원과 동원으로 나누어서 지었어. 서원에는 절에서 가장 중요한 금당과 오중탑을 짓고, 동원에는 아름다운 꽃 모양의 몽전을 지었지.

호류사에 있는 일본의 국보급 보물 중에서도 가장 눈여겨봐야 할 것은 금당 안에 있는 벽화야. 고구려 담징 스님의 작품으로 세계적인 걸작이지.

담징 스님은 고구려의 영양왕 때 일본으로 건너가서 호류사 금당의 사방 벽과 천장에 그림을 가득 그려 넣었지. 전문가들의 말을 빌리면, 담징 스님이 그린 벽화 중에서 가장 유명한 아미타정토도는 경주의 석굴암과 중국의 원강석불과 함께 아시아 최고의 예술품으로 세 손가락 안에 꼽힌대.

담징 스님은 모두 12점의 그림을 그렸는데 불이 나서 일부가 타고 말았어. 일본 사람들은 나머지도 불에 탈 위험이 있다며, 창고에 보관하고 있어. 지금 호류사에 있는 아미타정토도는 전에 찍어 두었던 사진을 보고 베낀 그림이야.

담징 스님은 그림뿐만 아니라 여러 가지 기술도 일본에 전했어. 물감, 종이, 먹 만드는 기술에, 곡식 빻는 맷돌을 만드는 기술까지도 알려 준 훌륭한 스님이야.

몽전은 쇼토쿠 태자가 꿈속에서 부처님을 보았다는 자리에 지었어. 위에서 내려다보면 8개의 잎사귀를 가진 연꽃 모습이야. 몽전에는 동양의 비너스라고 하는 백제관음상이 있어. 백제관음상은 백제 위덕왕이 아버지인 성왕을 그리워해 만든 거야. 이것이 어떻게 일본에 가게 됐는지는 밝혀진 게 없어서 안타까워.

백제는 신라와 한강 유역을 놓고 벌였던 관산 지금의 충청북도 옥천 전투에서 성왕을 잃고 말았지. 아버지를 잃은 아들의 슬픔은 이만저만이 아니었어. 위덕왕은 슬픔을 덜어 보고자, 아버지 성왕과 똑같은 조각상을 만들었어. 180센티미터나 되는 큰 키를 녹나무로 조각해서, 금박을 입혔는데, 머리카락이 흘러내린 모습까지 정교하게 나타나 있어.

후세의 사람들이 발견했을 때, 백제관음상은 무려 500여 미터나 되는 무명천에 쌓여 있었대. 일본의 스님들은 이걸 풀면 나쁜 일이 생길 거라 생각해서 아무도 건드리지 않았다는 거야.

1884년, 일본 정부는 미국의 역사학자 페놀로사에게 천을 풀어 달라고 부탁했지. 페놀로사는 녹슨 몽전의 문을 열고 들어가 무명천을 풀고는 매우 놀랐어.

"오, 이건 백제관음상이야! 정말 훌륭해!"

척 보면, 백제관음상인 걸 알아볼 정도로 페놀로사는 전문가였던 거지. 전문가들은 백제관음상이 프랑스의 루브르 박물관에 있는 비너스 조각상과 어깨를 나란히 할 정도로 훌륭한 작품이라고 해. 프랑스의 작가, 앙드레 말로는 일본 섬이 물에 잠겨 한 가지만 가지고 빠져나가라면 주저하지 않고 백제관음상을 선택하겠다고 했을 정도야.

그러나 우리는 비너스상은 알면서 백제관음상은 잘 몰라. 우리의 관심이 멀어지는 사이에 일본 사람들은 호류사 안내책

에서 백제, 고구려, 담징 이런 말을 모두 뺐어. 한 술 더 떠, 백제관음상이 백제의 영향을 받지 않은 완전한 일본의 작품이라고 주장하기 시작했어.

　역사를 왜곡하려는 태도가 마치 손바닥으로 하늘을 가리려는 것 같아 안타깝기 그지없어. 하루빨리 이를 바로 잡을 수 있는 증거를 찾아 진실을 밝힐 수 있었으면 좋겠어.

캄보디아 앙코르

 **크메르 제국의 왕도**

앙코르는 지금의 캄보디아 밀림에 가려졌던 옛 도시야. 밀림 숲과 함께 서울의 3분의 2 크기로 넓게 펼쳐진 앙코르는 동남아시아에서 가장 중요한 유적 중 하나지. 유적의 넓이도 어마어마하게 큰데, 작품 하나하나가 섬세하고 정교해서 예술적 가치가 높거든. 게다가 크메르 제국이 힘을 떨쳤던 600여 년 동안의 흔적이 고스란히 남아 있으니까.

밀림 속에서 고고 유적이 발견됐을 때 거대한 사원, 섬세한 조각, 상상을 뛰어 넘는 기발한 신화를 보며 사람들은 소리를 질렀어.

"앙코르여, 다시 한 번! 앙코르Encore! 앙코르Angkor!"

"고대 그리스 로마 사람들이 세운 것보다 더 굉장해!"

얼마나 대단하기에 이런 말이 나왔을까? 앙코르는 어떻게 밀림 속에 파묻혔던 걸까?

앙코르는 크메르 제국의 수도였어. 크메르는 9세기에서 15세기까지 인도차이나 반도에서 번성했던 제국이야. 크메르 제국의 왕은 수도로 삼을 만한 곳을 찾아내고는 근엄하게 말했지.

"여기가 앙코르다!"

앙코르가 '왕도'라는 뜻이거든. 수도라는 거지. 훌륭한 땅에 수도를 정한 크메르는 매우 번창했어. 햇볕이 좋아서 일 년에 세 번이나 농사를 지을 수 있었어.

나라에서는 커다란 저수지와 물길을 만들어 가뭄이나 홍수에도 끄떡없었지. 먹을 게 풍부하니 사람 수도 늘어서 인구가 한때 100여 만 명이나 됐어. 당시 파리의 인구가 40만 명이었다니, 앙코르가 대단한 도시였던 게 분명해.

그러나 600여 년이나 이어진 크메르 제국에 위험이 닥쳤어. 태국에서

앙코르 와트를 앞에서 본 모습이다. 서울의 3분의 2 크기로 넓게 펼쳐진 이 유적지는 동남아시아에서 가장 중요한 유적지 가운데 하나로 꼽힌다.

일어난 아유타야 왕조가 쳐들어온 거야. 아유타야 왕조에 비해 군사가 약했던 크메르 왕조는 앙코르를 두고 다른 도시로 도망갔어. 크메르 사람들이 떠난 왕도, 앙코르는 쑥쑥 자라는 열대의 밀림에 금세 파묻히고 말았지.

약 8~900년이 지난 뒤에 호기심 많은 프랑스의 생물학자가 밀림 속의 유적을 발견했어. 앙코르가 드디어 세상에 모습을 드러낸 거야.

 ## 앙코르에서 가장 아름다운 유적, 앙코르 와트

수많은 앙코르의 유적 중에서 가장 아름답기로 손꼽히는 것은 앙코르 와트야. 와트는 사원이라는 뜻이야. 앙코르 와트는 힌두교의 신인 비슈누에게 바치려고 짓기 시작했어. 요즘으로 치면 25층이나 되는 높이의 높은 탑을 가운데 세우고, 세 겹의 벽이 널찍하게 둘러싸고 있는 모습이야.

탑은 모두 5개인데, 위에서 보면 연꽃 모양으로 가운데 탑을 나머지 탑들이 감싸고 있어. 탑은 우주의 중심을 뜻하는 메루산의 봉우리야. 메루산은 힌두교 신화에서 신들이 거주하는 성스러운 산이지.

피라미드처럼 쌓은 이 탑은 위쪽이 하늘나라, 가운데는 인간 세상, 아래쪽은 동물들의 세상이라고 해. 경사가 몹시 급해서 탑에 오르려면 거의 엎드린 채 기어야 해. 절을 하다시피 자신을 스스로 낮춰야만 오를 수 있는 탑인 거지.

사원 주변은 호수로 빙 둘러싸여 있어. 이것은 우주의 바다를 뜻해. 호수 안쪽으로는 높이가 어른 키 3배쯤 되는 높은 벽이 있어. 이것은 세상에서 가장 높은 히말라야 산맥이야. 그러니까 앙코르 와트는 우주의 바다를 건너고, 히말라야 산맥을 넘어야 갈 수 있는 신성한 장소인 거지.

사람들은 건물을 지을 때 대개는 햇볕을 많이 받으려고 남쪽을 바라보게 지어. 그런데 앙코르 와트는 정문이 서쪽에 있어. 그건 아마 이 사원을 죽은 자의 무덤으로 쓰려고 했기 때문일 거야. 크메르 사람들은 죽으면 서쪽으로 간다고 생각했거든. 앙코르 와트를 짓도록 명령한 왕이 이 사원에 묻혔다고 해.

사원을 둘러싸고 있는 호수 위에는 서쪽의 정문 앞으로 다리가 놓여 있어. 우주의 바다를 건너는 다리야. 이 다리는 길이가 200미터나 돼. 호수의 폭이 넓기 때문이야. 다리를 건너면 좌우 대칭인 저수지와 도서관을 지나, 세 겹으로 탑을 둘러싼 벽이 나와. 그 벽을 따라 이어진 길, 회랑은 미술관과도 같아. 벽면에 온통 조각이 새겨져 있거든.
　3만 명의 장인들이 37년 동안이나 공들인 조각이지. 신화, 전쟁, 군대의 행진, 천국과 지옥이 새겨져 있는데 얼마나 꼼꼼하고 섬세한지 몰라. 이 조각이 들려주는 이야기는 또 얼마나 기이한지, 한 번 들어 봐.

 ## 사원 벽에 조각된 신비한 이야기

　앙코르 와트의 회랑에 있는 조각의 이야기 중에서 가장 긴 것은 '우유의 바다 젓기'야. 아주 오래 전, 신들의 세상이 어지러운 때였어. 괴물인 아수라들이 신들을 괴롭히고 있었지.
　"우리한테 생명의 약, 암리타 만드는 법을 알려 주시지."

비슈누
힌두교에서 브라만, 시바와 함께 3대 신이다. 우주를 창조하고 파괴, 유지하는 것으로 여긴다. 힌두교 사람들은 비슈누가 '세계의 악'을 몰아내고 정의를 회복하려고 땅에 부활한다고 믿는다.

아수라
힌두 신화에 나오는 거인족 또는 악마의 계급으로, 신과 인간의 적이다. 난장판이 벌어진 것을 아수라장이라고 하는데, 여기서 나온 말이다. 이란에서는 아수라를 아후라라고 하는데, 악마가 아닌 최고 신이다. 그래서 이란의 페르세폴리스에는 아후라의 모습이 조각돼 있다.

신들의 대장, 비슈누*는 아수라*에게 순순히 고개를 끄덕였어. 신들의 대장, 비슈누도 생명의 약이 필요한 참이라 괴물과 힘을 합치려는 거였지. 생명의 약을 얻으려면 거대한 우유의 바다를 저어야 하는데, 너무너무 힘든 일이었거든.

　신들과 아수라들은 힘을 모아 천 년 동안 우유의 바다를 휘저었어. 만다라 산을 뽑아 중심 기둥으로 삼고, 신령스러운 뱀을 밧줄로 썼으며, 비슈누는 거북이가 돼서 바다 밑에서 회전축을 떠받치고, 신들은 뱀의 꼬리에서, 아수라들은 뱀의 머리 쪽에서 밀고 당겼지.

　드디어 신들의 의사가 암리타를 들고 나왔어. 모두가 기뻐하는 순간, 아

앙코르 유적지 벽에 조각된 그림들. 신화, 전쟁, 군대의 행진, 천국과 지옥 등 다양한 이야기를 담고 있다.

수라가 암리타를 들고 도망치네. 비슈누는 아수라를 쫓아갔어. 물론 아름다운 여신으로 변장하고 말이지. 그리고 어여쁜 목소리로 말했어.

"암리타를 차례대로 나누어 드릴 테니 눈을 꼭 감으세요. 가장 늦게 받는 분과 제가 결혼해 드릴게요."

아수라들은 좋아서 눈을 꼭 감고 기다렸어. 그런데 아무리 기다려도 차례가 오지 않는 거야. 이상해서 눈을 떠보니 아름다운 여인도, 암리타도 없었지. 비슈누의 새 가루다가 이미 암리타를 싣고 날아갔던 거지.

아수라 중에서 눈치 빠른 악마 라후는 몰래 신들의 무리에 껴서 암리타를 마셨어. 이를 본 태양신과 달의 신이 비슈누에게 일러바쳤지. 비슈누는 당장 라후의 목을 베었어. 암리타를 한 모금 먹은 덕에 라후는 겨우 머리를 건졌어.

라후는 화가 나서, 태양과 달을 바짝 쫓았어. 라후는 태양을 넙죽 삼켰어. 그런데 어찌나 뜨거운지 바로 뱉어 버렸지. 이번에는 달을 삼켰는데 너무 차가워서 또 뱉어 버렸어. 라후는 지금까지도 해와 달을 삼켰다가 뱉는다는군. 그래서 해와 달이 떴다 지고, 라후를 피해 몸을 숨기느라 일식과 월식이 생긴다나.

어쨌든, 신들은 암리타를 나누어 마시고 다시 기운을 찾았어. 그리고 비슈누는 신들의 왕이 되어, 존경을 한 몸에 받았지.

이런 이야기가 앙코르 와트의 벽에 조각돼 있는 거야.

자연에 파괴되는 위태로운 유산

앙코르 와트와 더불어 앙코르 유적을 대표하는 것은 앙코르 톰이야. 앙코르 톰은 불교를 믿었던 왕이 지은 거대한 불교 사원이야. 앙코르 와트의 4배나 되는데, 반듯한 네모 모양으로 한가운데 신전이 있어. 힌두교와 불교라는 점이 다를 뿐, 거의 앙코르 와트와 같아. 가운데에는 높은 피라미드 탑이 있고, 주변에 4개의 탑이 둘러싸고 있는 것까지 말이야.

앙코르 톰에는 네 방향에 문이 있어. 문은 모두 커다란 머리를 이고 있는데, 머리 하나에 얼굴은 넷이야. 뒤통수에도 옆얼굴에도 모두 얼굴을 조각한 거지. 기쁨과 슬픔, 사랑과 미움의 4가지 표정을 새겨 놓았어. 사람이 세상을 살면서 느끼는 것들이지. 이 얼굴의 모델은 앙코르 톰을 짓도록 명령한 왕이었대.

문의 입구에는 우유의 바다를 젓는 신들과 아수라들의 조각상이 양쪽으로 길게 늘어서 있어. 앙코르 톰은 불교 사원인데 힌두 사원인 앙코르 와트에 있는 신화를 똑같이 조각해 놓은 게 재미있어.

사원의 북쪽에는 단상이 있는데, 단상과 단상 주변에 실제 크기와 같은 코끼리들이 조각돼 있어. 그래서 이름도 코끼리 테라스라고 해. 가운데 단상은

전설의 새 가루다가 떠받치고 있어. 단상 앞에는 광장이 펼쳐지고, 단상에 오르면 동쪽으로 난 승리의 문을 마주보게 되지. 전쟁에서 이기고 돌아온 코끼리 부대를 맞이하던 곳이야.

  앙코르에는 위험에 처한 유산이 많아. 유적은 산성비에 상하기도 하지만 밀림의 나무뿌리 때문에 상하기도 해. 열대 나무의 생명력이 얼마나 강

한지 따프롬 사원은 나무뿌리에 완전히 휘감겨, 마치 그물에 걸린 사냥감 같아.

바람 앞의 등불처럼 위태로운 유산 때문에 유네스코에서는 특별히 관심을 기울이며 유산 지키기 프로그램을 진행하고 있어. 그러나 사람이 하는 노력이 과연 자연의 거대한 힘을 막아낼 수 있을지 의문이야.

뽕나무과에 속하는 용수라는 나무의 뿌리에 갇힌 사원 따프롬

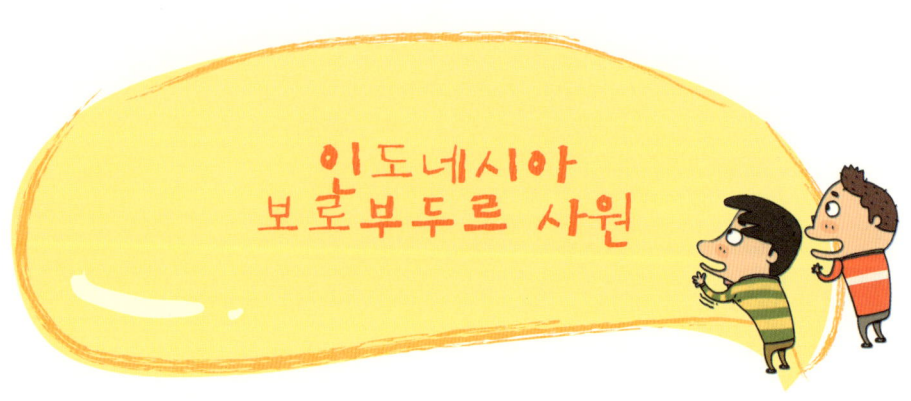

인도네시아 보로부두르 사원

 이슬람 국가에 자리 잡은 거대한 불교 사원

인도네시아는 태평양과 인도양 사이에서 적도에 걸쳐 있는 섬나라야. 수많은 섬이 펼쳐져 있는데 얼마나 많은가 하면, 무려 1만 7천여 개야. 크고 작은 섬에는 진한 초록색 나무가 빽빽해서 위에서 보면 마치 에메랄드 보석을 흩뿌려놓은 것 같아.

그 많은 섬의 중심, 자바 섬에 세상에서 가장 큰 불교 사원인 보로부두르 사원이 있어. 보로부두르는 '언덕 위의 사원'이란 뜻이야. 사원 전체의 크기로 보면 캄보디아의 앙코르 와트가 훨씬 크지만, 건물 하나씩 놓고 볼 때는 보로부두르 사원을 당할 수가 없어.

보로부두르 사원은 많이 망가져 있었어. 그런데 유네스코에서 사원의 역사적, 문화적 가치를 알아보고 세계 유산으로 정하는 한편 복원하는 데도 도움을 주었지.

인도네시아는 세계에서 네 번째로 인구가 많아. 300여 민족이 500여 가지 언어를 사용하지만, 사람들 대부분이 이슬람교를 믿어. 그래서 세계에서 이슬람 인구가 가장 많은 나라야. 그런데 세상에서 제일 큰 불교 사원, 보로부두르 사원이 인도네시아에 있다니 좀 이상하지?

보로부두르 사원은 이슬람이 퍼지기 전에 지어진 거야. 원래는 8세기에 힌두의 신 시바에게 바치려고 힌두 건축가가 설계했어. 사원을 짓는데 드는 돈은 힌두교 왕조가 냈지. 그런데 힌두 왕조가 더 이상 돈을 대지 못할 정도로 힘이 약해졌어. 사원 공사를 멈출 수밖에 없었지.

힌두 왕조에 이어 나타난 샤일렌드라 왕조는 불교 왕조였어. 샤일렌드라 왕조는 멈춘 공사를 다시 시작했어. 물론 힌두 사원을 불교 사원으로 바꿔서 말이지. 그렇게 해서 9세기 초에 세상에서 가장 큰 불교 사원이 태어난 거야.

모든 백성을 위한 사원

거대한 사원을 지으려면 수많은 백성이 땀을 흘려야 했을 거야. 하지만

보로부두르 사원은 9세기 초 자바 섬에 세워진 불교 사원이다. 10세기 무렵에 밀림과 화산재에 반쯤 덮인 것을 19세기가 돼서 발굴해 유네스코가 원래 모습을 찾도록 도왔다.

보로부두르 사원이 다른 위대한 건축물과 다른 점은 바로 백성들 자신을 위한 건축물이었다는 거야. 왕이나 귀족뿐만 아니라 백성 누구라도 이 사원에서 기도를 할 수 있었으니까.

사원의 건물은 밑받침만도 8층 높이야. 네모진 밑받침 위에는 둥근 밑받침이 또 있어. 이렇게 높은 사원은 가장자리가 회오리 모양처럼 생겼어. 회오리 길을 따라가면 사원의 꼭대기에 닿게끔 말이지.

복도는 1킬로미터가 넘는데, 벽에는 부처님이 태어날 때부터 열반 불교에서 말하는 진리를 깨닫는 경지 에 드실 때까지의 모든 과정을 쉬운 그림으로 그려 놓았지. 글을 모르는 백성들도 누구나 부처님에 대해 알 수 있게 한 거야.

사원의 꼭대기에는 작은 탑들이 세워져 있어. 탑은 모양이 좀 특이한데, 손잡이가 달린 커다란 종을 세워 놓은 것 같아. 종 모양의 탑은 가운데 부분

에 바둑판 모양으로 구멍이 뚫려 있는데, 그 구멍으로 손을 넣었을 때, 부처님의 손을 만지면 소원이 이루어진다고 해.

　탑 안에는 부처님이 한 분씩 계시거든. 소원을 들어주는 부처님이 어떻게 그 안에 들어앉게 됐을까?

 **천 번째 불상**

　옛날, 자바 섬에 아름다운 공주가 살고 있었어. 어느 날, 이웃 나라의 왕자가 공주를 보고 한눈에 반했지. 왕자는 공주에게 결혼해 달라고 했어. 공주는 겉모습만 보고 달려드는 왕자가 마음에 들지 않았어. 왕자가 끈질기게 따라다니자, 공주가 말했어.

　"하루 만에 천 개의 불상을 세워 놓으면, 당신의 정성을 받아들여 결혼하겠어요."

　이건 사실 거절한 거나 다름없는 거야. 사람이 할 수 없는 일이잖아. 그러나 왕자는 마음을 접지 않고 악마를 찾아갔어. 악마는 왕자의 부탁을 들어줄 테니 대신 영혼을 달라고 했어. 왕자가 고개를 끄덕였지.

　악마는 일을 하기 시작했어. 밤새 죄 없는 사람들을 불상으로 바꿨어. 왕자는 손에 땀을 쥐며 불상을 셌어.

　"하나, 둘……, 구백아흔일곱, 구백아흔여덟, 구백아흔……."

　처음에는 '설마' 했던 공주도 발을 동동 구르며 지켜보았어. 동이 트기 전에 완성되면 큰일이었지. 공주는 또 꾀를 냈어.

"닭아, 닭아, 어서 일어나."

공주가 잠자는 닭을 깨우자 닭이 홰를 치며 목청을 돋웠어.

"꼬끼오!"

왕자는 깜짝 놀랐어. 999개의 불상을 만들고 이제 하나만 만들면 공주와 결혼을 하는 거였거든. 공주는 왕자에게 말했어.

"첫 닭이 울었으니 이젠 끝났어요."

왕자는 할 말을 잃었어. 공주가 일부러 닭을 깨운 것을 알았던 거야. 악마에게 영혼까지 팔아 버린 왕자는 화가 머리끝까지 났어. 그래서 왕자는 악마에게 부탁했어. 공주를 천 번째 불상으로 만들어 달라고.

언젠가 사원에 올라 탑 안의 불상을 만나게 된다면 혹시 그 불상이 바로 공주님이었는지도 모를 일이야. 그러나 오해하지는 마. 이건 전해지는 이야기일 뿐이고, 실제로 불상은 천 개가 아니라 72개 거든.

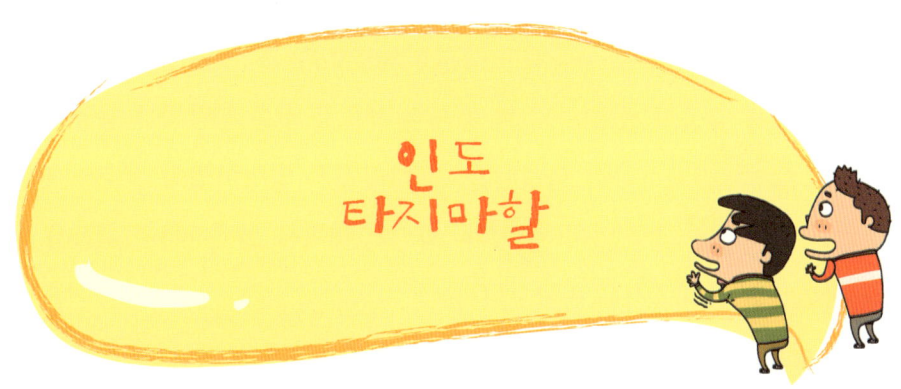

인도
타지마할

 무굴 제국의 위대한 유산

인도에는 세상에서 가장 아름다운 무덤이 있어. 무덤이지만 세상의 어떤 궁전보다도 화려해. 그건 무굴 제국*이 인도를 다스리던 시절 황제가 황후를 위해서 만든 무덤, 타지마할이야. 사랑하는 황후가 먼저 세상을 떠나자, 2만여 명의 일꾼을 거느리고, 22년이나 걸려 만든 무덤이지.

인도의 최고급 대리석으로 지은 타지마할은 빛이 비치는 방향에 따라 하루에도 몇 번씩 색깔이 변해. 아침에는 살구색으로 반짝이다가 한낮에는 새하얗게 빛나고 저녁에는 상아색이나 오렌지색으로 물들지.

또 얼마나 정교한지 대리석 이음새에는 바늘 하나 들어갈 틈도 허락하지 않았어. 언제 누가 보더라도 마음을 다

무굴 제국

무굴이란, 페르시아 말로 몽골이란 뜻이다. 16세기에서 19세기까지 인도에 있었던 마지막 이슬람 국가다. 힘이 센 아들이 왕의 자리를 잇는 전통이 있어, 왕자들 사이에 싸움이 끊이지 않았다. 19세기에 영국이 정복해 역사 속으로 사라졌다.

빼앗기고 말아. 이처럼 아름답고 훌륭한 타지마할은 이슬람 건축 예술의 대표로 세계 유산이 됐으며, 걸작 중에 걸작으로 많은 사람의 사랑을 받고 있지. 그러나 타지마할이 완성됐을 때 나라꼴은 엉망이었어. 타지마할을 짓느라 나랏돈을 너무 많이 쓴 거야. 세상의 빼어난 건축가와 기술자를 모두 인도로 불러 대공사를 벌였으니까.

황제의 아들은 아버지가 나라를 제대로 돌보지 않는다고 생각했어. 그래서 반란을 일으켰지. 황제인 아버지를 잡아 탑에 가두었어. 황제가 갇힌 탑에는 창이 있었는데, 다행히도 그 창문에서는 타지마할이 보였다고 해.

황제는 탑에 갇힌 채, 매일 황후의 무덤을 바라보며 황후를 그리워했어. 그러기를 10년, 마침내 황제도 황후를 따라 숨을 거두었다고 해.

인도에는 역사가 없다고 말하는 이가 있어. 인도 역사가 대부분 침략자들의 역사였기 때문이야. 무굴 제국을 세운 이슬람교 사람들도 침략자들 중에 하나였어. 티무르의 후손인 바부르가 세운 무굴 제국은 한때 인도의 땅을 거의 다 차지할 정도로 힘이 셌어.

하지만 무굴 제국의 궁전에서는 싸움이 끊이지를 않았어. 왕의 큰아들이 왕 자리를 물려받는 게 아니라, 힘센 자가 왕이 되는 나라였기 때문에 힘을 증명하려면 싸움이 필요했던 거야. 결국 무굴 제국은 포르투갈과 영국의 총칼 밑에 인도를 내줘야 했지.

무굴 제국은 300년이라는 짧은 세월 동안 인도의 무대에 있었지만 아름다운 타지마할을 남겼어. 이쯤 되면 타지마할을 지을 정도로 유별난 사랑을 한 무굴 제국 황제와 황후의 이야기가 궁금해지지?

 **황후를 향한 사랑의 징표**

햇빛 눈부신 어느 날, 무굴 제국의 아그라 궁전에 여인들이 모여들었어. 여인들을 위한 시장이 열렸기 때문이야. 무굴의 왕자, 샤자한은 나들이 나온 여인들 틈에 끼어 있던 한 소녀에게 마음을 빼앗기고 말았어.

두 사람은 서로 사랑하게 됐고, 몇 년 뒤에는 혼인도 했어. 그리고 얼마 뒤에는 황제와 황후가 돼서 무굴 제국을 이끌게 됐지. 둘은 서로를 너무 사랑해 잠시도 떨어지지 않았어. 어느 날 황제는 전쟁 채비를 하며 말했어.

"사랑하는 황후여, 단 하루라도 황후를 못 보면 못 살 것 같다오. 나와 함께 가 주시겠소?"

> 타지마할은 무굴 제국 황제인 샤자한이 아내를 기리려고 지은 무덤이다. 선택된 궁전이라는 뜻이라고 하며 세계에서 가장 아름다운 무덤으로 손꼽힌다.

황후가 방긋 웃으며 대답했지.

"사랑하는 황제여, 물론이지요. 황제께서 가시는 곳이라면 어디라도 함께 하오리다."

황제와 황후는 전쟁터가 아니라 나들이하러 가는 사람들 같았어. 그때

황제와 황후 사이에는 왕자와 공주가 13명이나 있었고, 황후의 뱃속에는 열네 번째 아기가 자라고 있었지. 즐거운 마음으로 떠난 전쟁터에서 황후의 몸은 점점 무거워졌어. 금세 끝날 줄 알았던 전쟁도 쉽게 끝나지 않았어.

시간이 흘러 산달이 다 됐어. 황후는 어쩔 수 없이 전쟁터에서 아기를 낳아야 했지. 황제와 황후는 사랑의 힘으로 세상 그 무엇도 이겨낼 수 있으리라 믿었어. 하지만 안타깝게도 황후는 아기를 낳다가 그만 숨을 거두고 말았어.

황제는 하늘이 무너지고 땅이 꺼진 것처럼 서글피 울었어. 그런다고 이미 저세상으로 간 황후가 돌아오는 것은 아니었어. 깊은 슬픔에 잠겨 있던 황제는 고개를 번쩍 들었어.

"사랑하는 황후를 위해 세상에서 가장 아름다운 무덤을 만들 테야."

이렇게 해서 타지마할이 세상에 태어나게 된 거야.

 **선택된 궁전**

타지마할이란, '선택된 궁전'이란 뜻으로, 뭄타즈마할의 발음이 변한 거래. 타지마할은 정문에서부터 모든 부분이 좌우 대칭의 모습이야. 위에서 내려다본다면 반으로 꼭 겹쳐진다는 얘기지. 심지어는 물길과 정원까지도 대칭으로 꾸며져 있어.

정문에서 이어지는 300여 미터나 되는 물길에는 연꽃 모양의 물웅덩이가 있고, 분수가 물을 내뿜어. 물길을 지나면 우윳빛처럼 하얀 대리석 건물이 나와. 가운데에는 둥근 지붕 모양의 건물이 있는데, 길고 뾰족한 탑이 네 방향에서 에워싸고 있어. 그건 마치 가운데 건물을 가마 태운 것처럼, 공중에 붕 떠 보이게 해.

둥근 건물의 안팎은 갖은 보석으로 치장해서 화려하기 이를 데가 없어. 전 세계에서 들여온 최고급 보석과 보물로 타지마할을 장식했거든.

사실 샤자한 황제는 이런 무덤 궁전을 또 하나 지으려고 했었대. 타지마할 앞으로 흐르는 자무나 강 건너편에 검은 대리석으로 궁전을 짓고, 강 위에 구름다리를 만들어 타지마할과 이으려고 했던 거야. 자신이 죽으면 무덤으로 쓰려는 거였지.

그래서 땅을 다지고 있는데, 그만 아들에게 잡히고 말았던 거야. 아마 공사를 계속했다면 무굴 제국이 더 일찍 무너졌을지도 몰라. 돈을 하도 많이 써서 나라 살림에 구멍이 났을 테니까.

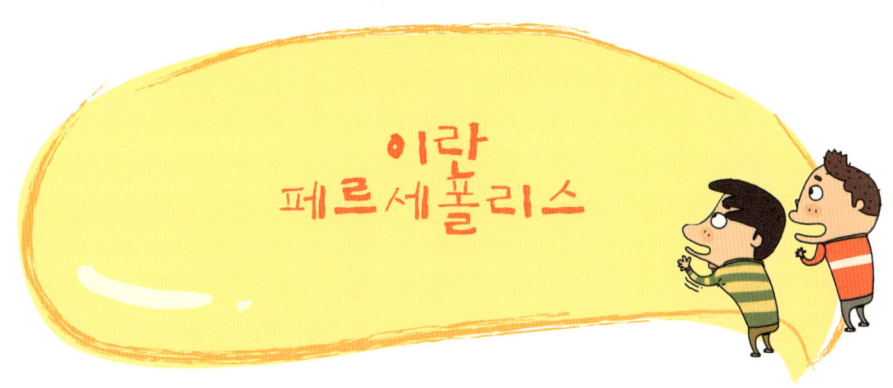

🦋 대제국 페르시아

　페르세폴리스는 그리스 말로 페르시아 사람들의 도시라는 뜻이야. 이란의 고대 왕국인 페르시아 제국의 수도였던 도시지.

　페르시아 제국은 기원전 6세기 무렵, 아케메네스 왕조, 다리우스 대왕 때 매우 번창했어. 세상 모든 나라의 사신들이 페르세폴리스로 몰려들 정도였어. 그래서 페르세폴리스의 궁전으로 들어가는 문을 만국의 문이라고 부를 정도였지.

　그런데 기원전 4세기 무렵, 마케도니아, 알렉산더 대왕의 침략을 받아 도시는 불타고 건물은 망가졌어. 페르세폴리스는 한순간에 버려진 땅이 되고 말았어. 그럼에도 뛰어난 건축 기술과 역사의 흔적이 남아 도시 전체가 세계 유산이 된 거야.

　고대 페르시아 사람들은 일찍이 아시아 서남쪽의 높은 땅, 이란 고원에

조로아스터

조로아스터는 자라투스트라의 영어 이름이다. 어느 시대의 사람인지 확실하지 않지만 이란 북부에서 태어난 예언자다. 기원전 7세기 말에서 기원전 6세기 초에 실존했다고 말하는 이들도 있다. 20살 즈음에 종교생활에 들어가서 30살 즈음에 아후라 마즈다 신의 뜻을 받들어 새로운 종교 조로아스터교를 만들었다.

왕조를 세웠어. 원래 이 땅에는 메디아라는 왕국이 먼저 자리를 잡고 있었어. 메디아 왕에게는 키루스라는 외손자가 있었는데, 키루스는 욕심이 많아서 왕의 외손자로는 성에 차지 않았지. 언젠가는 자기 손으로 왕국을 일으키겠다는 야망이 있었거든.

기회를 엿보던 키루스는 메디아 왕국이 싸움으로 휘청거리는 틈을 타서 외할아버지를 밀어내고 스스로 왕이 됐어. 그래서 태어난 게 아케메네스 왕조야. 페르세폴리스를 세운 왕조 말이지.

키루스 왕은 이웃 나라들을 무릎 꿇리고 제국을 넓혀 갔어. 그러나 무릎 꿇은 사람들에게 억지로 무언가를 시키지 않았어. 아케메네스가 믿던 자신들만의 신, 조로아스터*를 믿으라고 강요하지도 않았고, 지방마다의 종교와 풍습을 그대로 존중했지. 오히려 다른 나라의 문화가 훌륭하다고 인정하는 편이었어.

하루아침에 왕의 자리에서 쫓겨난 사람도 특별한 대접을 해 줬어. 왕이었던 사람이 죽음을 맞이하면 나라의 예를 갖춰 장례식까지 치러 줬지. 바빌로니아를 무찔렀을 때는 당시 바빌로니아에서 노예로 살고 있던 유대 인을 해방시켜 주고 재산까지 찾아 줬어. 그래서 성경에 키루스 대왕은 고마운 사람으로 적혀 있어.

키루스의 비석에는 인권선언문 같은 게 쓰여 있어. 모든 시민은 종교의 자유가 있으며, 노예 제도를 금지하며, 궁궐을 짓는 모든 일꾼에게는 삯을 준다고 돼 있어. 바로 이런 점 때문에 페르시아는 대제국으로 뻗어나갈 수 있었을 거야.

페르시아 제국이 가장 힘이 셌던 때는 다리우스 대왕 때야. 다리우스 대왕은 아케메네스 왕조의 세 번째 왕이었는데 전에 없이 큰 땅을 차지했어. 죽음의 마지막 순간까지 전쟁을 하느라 말 위에서 보냈으며, 에게 해의 아나톨리아에서 중앙아시아, 인도, 아프리카의 에티오피아까지 페르시아 땅으로 만들었지.

　다리우스 대왕은 전 세계에서 찾아오는 사신들을 맞을 새로운 궁전이 필요했어. 그래서 페르세폴리스를 세웠지. 그러나 이건 다리우스 대왕의 비문에 적힌 내용이야. 역사의 뒷얘기를 전하는 사람들은 다리우스가 왕이 될 때 속임수를 썼기 때문에 전의 왕들과 멀리 떨어지고 싶었을 거라고도 해.

 제국의 영광, 페르세폴리스

　페르세폴리스는 페르시아 제국이 가장 번창했던 다리우스 대왕 시절의 영광을 잘 말해 주는 유산이야. 지금은 비록 폐허가 됐지만 궁전이 있던 흔적은 하도 어마어마해서 사람들은 페르세폴리스가 곧 궁전이라고 생각할 정도야.

　궁전은 계단 모양의 언덕에 세워졌는데, 이 언덕은 오랜 세월동안 모래가 쌓이고 쌓여서 만들어진 반은 자연적인 언덕이야. 그런 궁전 터에 독특하고 아름답고 거대한 건축이 흔적만 남아 있는 거야. 쓰러지고 잘려나간 기둥으로 말이야.

　다리우스 대왕의 비문에는 페르세폴리스를 다리우스 대왕 때 짓기 시작해서 손자 때 완성했다고 적혀 있어. 어느 건물을 어느 왕이 지었는지도 모두 기록해 놓았지.

궁전으로 들어가는 문은 다리우스의 아들인 크세르크세스 때 만들었어. 높이가 무려 8미터나 되는 높은 문이야. 문설주 4개로 만들었는데 이게 바로 '만국의 문'이라고도 불리는 제국의 문이지.

문에는 사람 얼굴에 독수리 날개를 단 커다란 황소가 도드라지게 새겨져 있어. 하나는 동쪽을, 하나는 서쪽을 보는 게 마치 세상을 감시하는 것 같아. 그런데 이것은 페르시아가 쓰러뜨렸던 이웃 나라, 아시리아의 수호 신상과 같은 모습이야. 페르시아는 다른 나라의 좋은 점을 받아들였다고 했지? 페르시아가 아시리아의 것을 보고 베낀 거야. 아시리아는 메소포타미아 북부 지역이야. 그러니까 메소포타미아의 건축 양식을 베낀 셈이지. 지금이라면 저작권에 걸릴지도 모를 일

왕의 모습을 사자로 조각해서 호화를 공격하고 있어. 왕이 힘이 세다는 걸 자랑하는 거지.

이야.

겨울의 기운이 모두 물러나고 낮과 밤의 길이가 같아지는 춘분 때 페르시아에서는 축제를 크게 열었어. 축제를 하면, 세계의 사신들은 선물을 들고 이 문을 통해 다리우스 대왕을 찾아왔어.

제국의 문을 지나면 왕이 사신을 맞이하는 방인 알현실이 나와. 알현실은 17미터 높이의 돌기둥이 받치고 있어. 17미터면 요즘 볼 수 있는 아파트 6층보다 조금 높은 크기야.

이렇게 높은 기둥 머리에는 동물의 모습으로 장식을 했어. 이건 히타이트 _{기원전 2000년 무렵 소아시아에서 일어난 인도·유럽 어족에 속하는 민족}에서 유행하는 걸 보고 따라한 건데, 왕의 영광을 나타내기 위한 거였지. 이런 기둥이 모두 72개였는데 지금은 성한 게 하나도 없어.

알현실 벽에는 여러 가지 선물을 들고 순서를 기다리는 사신들이 섬세하게 새겨져 있어. 누가 무엇을 들고 있는지 다 알 수 있을 정도야.

꽃병을 준비한 인도 사신, 옷감을 준비한 이오니아 사신, 조각된 팔찌를 들고 있는 스키타이 사신, 낙타와 꽃병을 운반하는 박트리아 사신, 여러 가지 그릇을 가지고 온 아시리아 사신, 수놓은 옷감과 도자기를 가져온 바빌로니아 사신들이 줄지어 있지.

병사들의 행렬도 보이고, 조로아스터교의 최고신인 아후라 마즈다의 모습도 보여. 왕의 모습은 사자로 조각해 놓았는데, 황소를 공격하고 있어. 왕이 힘세다는 것을 자랑하는 거지.

알현실 동쪽에는 또 다른 궁전, 백주전이 있어. 돌기둥 100개가 세워져 있었기 때문에 백주전이라고 해. 기둥머리에는 수소의 머리가 새겨져 있었어. 여기에서 새해를 맞는 잔치를 벌였을 거야.

이렇게 호화롭던 제국의 영광이 무너져 내리는 것은 한순간이었어. 페르시아는 오랫동안 전쟁을 해서 무척 지쳐 있었지. 바로 그때 마케도니아의 알렉산더 대왕이 쳐들어왔어. 페르시아는 맥없이 무너져 버렸지. 알렉산더 대왕은 페르세폴리스를 정복한 뒤, 도시에서 원하는 것을 마음껏 빼앗고 페르세폴리스 궁전을 불태웠어.

지금, 페르세폴리스는 마치 버려진 땅처럼 보여. 궁전을 꾸몄던 멋진 장식과 보물은 대부분이 유럽에서 가져가 버렸어. 셀 수 없이 많은 주춧돌과 잘린 기둥만 남아 옛 시절의 영광을 알려 주고 있지. 비록 폐허처럼 남겨진 페르세폴리스지만 2,500년 기원전 6세기~21세기 전의 호화로움을 아직도 짐작할 수 있어.

> 페르세폴리스 알현실 벽에 조각된 그림으로 팔찌를 들고 있는 스키타이 사신, 낙타와 꽃병을 운반하는 박트리아 사신 등 선물을 들고 차례를 기다리는 사신들의 모습을 표현했다.

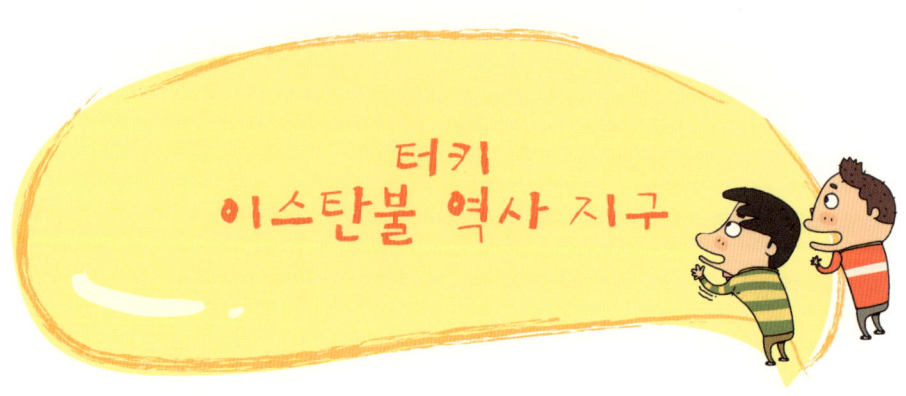
터키 이스탄불 역사 지구

 살아 있는 박물관, 비잔티움 · 콘스탄티노플 · 이스탄불

    터키의 이스탄불은 1600여 년 330년에서 1819년 동안 로마, 동로마 제국에 이어 오스만 제국의 중심이었어. 그렇게 오랫동안 나라의 중심 역할을 했다는 것은 유산도 그만큼 많다는 얘기야.
    그래서 사람들은 이스탄불을 살아 있는 박물관이라고 불러. 유럽과 아시아의 역사가 어우러져 있으며, 정치, 종교의 중심이었던 이 도시의 옛 중심 지역을 유네스코에서는 역사 지구로 묶어 세계 유산으로 정했어.
    이스탄불을 지도에서 보면 마치 날개를 활짝 펴고 있는 새처럼 보여. 한쪽 날개는 아시아 쪽으로, 다른 한쪽 날개는 유럽을 향해 펼치고 있지.
    두 대륙을 한 몸에 지니고 있는 도시는 세상에 이스탄불밖에 없어. 양쪽 날개 사이에는 좁은 바닷길이 나 있어. 마르마라 해, 에게 해, 지중해를 거쳐 대서양으로 흘러가는 길이지. 생김새부터 남다른 이 도시는 이름도 여

럿인데, 비잔티움, 콘스탄티노플, 이스탄불이라는 이름들이 도시의 역사를 말해 주고 있어.

기원전 7세기, 에게 해에 살고 있던 해양 부족은 새로운 땅을 찾고 있었어. 이 무리를 이끌던 비자스는 델피에 있는 아폴로 신전으로 가서 물었어. 어디로 가면 좋으냐고. 그때는 중요한 결정을 할 때 다 그렇게 했거든. 신전에서는 눈먼 자들의 땅 건너편으로 가라는 답이 돌아왔어.

비자스는 오랫동안 그 땅을 찾아 헤맸지. 마침내 이스탄불에 이르렀을 때 비자스는 황홀했어. 기름진 땅과 그림처럼 아름다운 항구에 혼을 빼앗겼거든. 비자스가 찾은 땅의 반대편에도 사람들이 살고 있었어. 아름다운 땅을 코앞에 두고도 알지 못한 그들이 바로 눈 먼 자들이었던 거야. 이 도시는 비자스의 이름을 따서 비잔티움이라고 불리게 됐어.

비잔티움은 바닷길을 지나는 배들한테서 세금을 거두기만 해도 살림이 넉넉했어. 장삿배가 꼭 지나야 하는 길목이었으니까.

이스탄불 시 모습, 동양과 서양 문화의 상업 교류지로 역사의 도시다. 보스포루스 해협의 양쪽에 걸쳐 있어 유럽과 아시아 양 대륙에 속한다.

흑해에서 흘러드는 물고기는 얼마나 많은지 잡는다기보다는 건져 올린다고 하는 게 맞을 정도였지. 그러니 힘이 센 나라의 왕들이 비잔티움을 보고 침을 줄줄 흘릴 수밖에.

페르시아 제국이 힘이 세졌을 때, 비잔티움은 페르시아의 어깨 밑으로 들어갔어. 그리스 북쪽에서 마케도니아 왕국이 일어나자 알렉산더 대왕에게 무릎을 꿇었지. 그 뒤 로마의 콘스탄티누스 황제는 로마의 수도를 아예 비잔티움으로 옮겼어. 이때부터 비잔티움은 세계 역사의 중심이 됐어.

콘스탄티누스 황제가 죽자 비잔티움은 그의 이름을 따서 콘스탄티노플이라는 새 이름을 갖게 됐어. 15세기에는 오스만 제국이 위세를 떨치며 콘스탄티노플의 주인이 됐어. 그 뒤로 콘스탄티노플은 오스만 제국식으로 발음해서 이스탄불로 불리게 된 거야.

이스탄불을 손안에!

이스탄불은 참으로 매력적인 곳이었어. 오스만 제국의 7대 술탄 _{이슬람 제국의 군주를 말하며 오스만 제국의 황제를 말함}, 메흐메트 2세는 왕위에 오르자마자 이스탄불에 쳐들어갈 궁리를 했어. 조상 대대로 염원했던 땅이거든.

로마 제국은 당시 동서로 나뉜 뒤, 서로마 제국은 이미 망한 상태였고, 동로마 제국만 남아서 비잔틴 제국으로 불리고 있었어. 1,200년을 이어온 비잔틴 제국도 기우는 해처럼 빛을 잃고 있던 때였지.

　그렇다고 콘스탄티노플이 만만한 곳은 아니었어. 성벽이 두세 겹으로 단단해서 웬만한 대포로는 어림없었으니까. 그나마 황금곶이라고 불리는 바다 쪽에 성벽이 홑겹인 곳이 있었는데, 들어가는 길목에 단단한 쇠줄을 걸어 놓아 배가 다가갈 수 없었어.

　21살 먹은 젊은 메흐메트 2세는 겁나는 게 없었어. 배 72척을 이끌고 이스탄불을 정복하기 위해 나선 거야. 메흐메트 2세는 황금곶 길목에 있는 쇠줄 앞에 이르러 소리쳤어.

　"배를 산으로 옮겨라! 산을 넘어 황금곶으로 쳐들어간다!"

　오스만 제국군은 밤새 나무판에 기름을 발랐어. 미리 준비한 통나무

를 산길에 늘어놓고는 그 위에 기름칠한 나무판을 올렸지. 그리고 수십 마리의 소들에게 줄을 매어 배를 끌게 했어. 배는 미끄러운 나무판 위에서 산 위로 올라갔지. 그리고 산을 넘어 황금곶 안쪽으로 쳐들어갔어.

적군을 보자, 비잔틴 군대는 놀라서 뒤로 넘어갔어. 적들이 절대로 쳐들어오지 못할 거라고 여겼으니까. 1453년, 오스만 제국군은 단 며칠 만에 콘스탄티노플의 단단한 성문을 열어젖혔어. 오스만 제국의 메흐메트 2세는 꿈에도 그리던 이스탄불을 손안에 넣게 됐어.

 문화유산을 알아본 메흐메트 2세

이스탄불을 차지한 메흐메트 2세는 승리의 기쁨에 취해서 도시의 한가운데 있는 성소피아 성당에 들어갔어. 메흐메트 2세는 섬세하면서 거대한 모자이크를 보고 너무나 감탄했다고 해. 높은 천장과 색유리로 장식된 창으로 들어오는 햇빛은 누가 봐도 무척 신비로웠지. 승리의 기쁨에 취한 이에게는 더욱 황홀했겠지.

다만 눈에 거슬리는 것은 기독교를 상징하는 벽화였어. 성질 나쁜 사람이었다면 아마 성당을 부숴버렸을지도 몰라. 그러나 성소피아 성당은 부수기에는 너무 아까운 건물이었어. 그래서 메흐메트 2세는 벽화를 천으로 가리고 이슬람의 신에게 예배를 드렸어.

성소피아 성당은 콘스탄티누스 황제 때 처음 지었는데, 불에 타서 두 번이나 새로 지었어. 지금 있는 것은 비잔틴 제국의 유스티니아누스 황제 때 세 번째로 지은 건데, 다시는 불에 타지 않도록 돌로 지었지.

메흐메트 2세는 이곳에 이슬람 기도소를 보태고, 이슬람 경전의 글귀를 더했을 뿐, 부수거나 망가뜨리지 않고 그대로 썼어. 벽화는 위에 회벽을 발라 감추었지.

힘으로 차지한 땅에서는 대부분의 정복자들이 마구잡이로 도시를 부쉈

는데, 그러지 않은 게 얼마나 다행인지 몰라. 정복자들에게 그런 관용은 역사적으로 흔한 일이 아니거든.

그 덕분에 이스탄불이 살아 있는 박물관이란 소리를 듣는 거야.

터키말로 '성'은 '아야'라고 해. 그래서 성소피아를 아야소피아라고도 불러. 지금은 터키 정부가 이곳을 박물관으로 만들었어. 종교와 관계없이 많은 사람이 비잔틴 시대의 아름다운 건축물을 보도록 한 거지.

이스탄불 역사 지구에서 관광객이 꼭 들르는 곳으로 톱카프 궁전이 있어. 톱카프는 대포문이라는 뜻인데, 궁전 양쪽에 대포가 있다고 해서 붙은 이름이야. 이스탄불을 둘로 나누는 좁은 바다가 잘 보이는 곳이라 적을 막아내기 좋은 언덕이지. 수백 년 동안 오스만 제국의 왕인 술탄들이 살던 이 궁전에는 갖가지 보물이 가득해.

톱카프 궁전의 여러 방 중에서 자기관과 보석관은 특히 유명해. 자기관은 주방이 있던 자리인데, 도자기를 만여 점이나 전시해 놓았어. 원래 궁전에는 도자기가 2만여 점이나 있었다고 하니, 궁전의 규모를 알만 해.

보석관에는 갖가지 진귀한 보석들이 있어. 특히 눈길을 끄는 것은 페르시아 왕에게 선물하려고 만들었다는 칼이야. 칼날이 짧고, 장식이 무척 많은데, 초록색 에메랄드와 수많은 다이아몬드가 화려해서 마치 장신구처럼 보여.

보석관에는 세계에서 다섯 번째로 큰 다이아몬드도 있어. 49개의 작은 다이아몬드에 둘러싸여 있으니 얼마나 화려할지 짐작이 갈 거야. 톱카프의 보석관을 둘러보고 나오면 웬만한 보석에는 눈도 깜빡하지 않게 돼.

오스만 제국의 왕들은 톱카프 말고도 사치스럽기 짝이 없는 궁전을 많이 지었어. 북쪽 해안을 바라보는 쯔라안 궁전, 돌마바흐체 궁전, 산언덕의 별궁 등, 유럽풍의 화려한 궁전을 지으면서 500년을 이은 오스만 제국은 서서히 망해 갔어. 나랏돈을 너무 낭비하고, 사치만 했으니 당연한 결과였지.

새로 태어난 이스탄불의 주인, 터키 정부는 이스탄불의 유산을 대부분 박물관으로 만들어 많은 사람이 볼 수 있도록 했어. 세상 사람들은 세계 유산을 보려고 오늘도 이스탄불로 구름처럼 몰려들고 있어.

유럽 2

유럽은 땅덩이가 크지 않고, 아시아나 아프리카에 비해 고대 문명의 시작도 늦었어. 하지만 기계 문명이 일찍 발달했으며, 16세기에는 전 세계를 탐험하고 식민지를 만들었어. 18세기에는 시민 혁명과 산업 혁명을 거치면서 유럽은 대단히 힘이 센 대륙이 됐어. 덩달아서 유럽의 문명도 위상이 높아졌지.

그러나 사실 유럽의 문명이 풍성해진 데는 아시아와 아프리카의 덕도 무시할 수는 없어. 유럽의 문명은 그리스 문명에서 비롯됐는데 고대 그리스는 아시아의 페니키아에서 알파벳을 받아들였고, 메소포타미아 지역의 히타이트에서 철을 다루는 기술을 배웠으며, 리디아 사람들에게 화폐를 만드는 기술을 배웠거든. 또 아프리카에 있는 이집트에서 예술과 건축 기술도 배웠지.

이렇게 문명을 서로 나누고 합해서 유럽은 아름다운 문화유산을 꽃피웠어. 유럽에는 바티칸의 성베드로 성당이나 독일의 쾰른 성당처럼 장엄한 성당이 많아. 로마가 4세기 초에 기독교를 공식으로 인정해서 기독교가 유럽에 널리 퍼졌기 때문이지. 유럽에는 베르사유 궁전처럼 화려한 궁전도 많아. 건축 기술이 발달한 데다 절대적인 힘을 거머쥔 왕들이 자기 자리에 걸맞은 화려한 궁전을 원했을 테니까.

반면에 유럽에는 아우슈비츠 수용소처럼 전쟁의 아픈 상처를 그대로 간직한 유산도 있어. 또 인류 최초의 동굴 벽화인 알타미라 동굴 벽화가 있으며, 무엇보다도 민주주의 싹을 가장 먼저 틔운 도시의 유산, 아테네의 아크로폴리스도 있어. 이제 그 유산들을 만나 볼까?

그리스 아크로폴리스

 아테나의 도시 아테네

아테네 높은 언덕에는 신전이 여럿 있어. 기원전 5세기 즈음에 고대 그리스 사람들이 세운 신전이야. 그 신전들이 있는 곳을 아크로폴리스라고 해. 천 년이 넘는 오랜 기간 동안 번영했던 그리스의 신화와 종교 유적이 있는 곳이지.

그리스 말로 아크로폴리스는 '높은 곳에 있는 도시'라는 뜻이야. 서쪽을 빼면 모두 깎아지른 절벽으로 둘러싸여 있는 이곳에 신전이 여럿 있어. 아테네 사람들은 험한 이곳에 누구를 모시려고 신전을 지었을까?

푸른빛 지중해와 포도주빛 에게 해를 앞바다로 내려다보는 그리스 땅을 마음에 점찍은 신은 포세이돈과 아테나였어. 그리스 땅은 험한 산으로 둘러싸인 높은 곳이었는데, 일찍이 사람들이 문명을 이루고 살고 있었지.

아무리 신이라지만 신의 마음대로 도시를 가질 수는 없었나 봐. 포세이돈과 아테나는 도시의 수호신 자리를 걸고, 어찌하면 사람들 마음을 끌 수 있을지 내기를 했어.

포세이돈은 바다의 신이니 물이 부족한 땅에 샘을 선물로 주기로 했어. 포세이돈이 늘 갖고 다니던 삼지창을 땅에 내리치자 기적의 샘물이 퐁퐁 솟았어. 이정도 선물이면 사람들이 반길 거라 생각한 포세이돈은 자신만만하게 웃었지.

지혜와 전쟁의 여신, 아테나는 올리브 나무를 선물로 준비했어. 이 도시는 여름에 덥고 비가 거의 오지 않았어. 올리브 나무는 뿌리가 길어서 땅속 깊이 있는 물도 잘 빨아들일 수 있거든. 게다가 나뭇잎이 가늘어서 강한 햇빛에도 수분을 많이 빼앗기지 않으니까.

내기에서 과연 누가 이겼을까? 승리는 아테나의 것이었어. 사람들은 아

아크로폴리스는 '높은 곳에 있는 도시'라는 뜻으로 그리스 산파에 나오는 많은 신을 모시는 신전들이 우뚝 솟아 있다.

테나가 준 올리브 나무를 더 좋아했지. 그래서 아테나는 이 도시의 수호신이 됐어.

도시의 이름도 아테나의 이름을 따서 아테네가 됐지. 사람들은 아테네를 위한 멋진 신전도 지었어. 도시 어디에서나 보이는 높은 곳에 말이야.

아크로폴리스의 신전들

아테네의 아크로폴리스에는 그리스 신화에 나오는 신들을 모시는 신전들이 우뚝 우뚝 솟아 있어. 또 고전 시대, 그리스 예술의 최대 걸작들도 모여 있지. 천 년이 넘는 오랜 세월동안 번영했던 도시인 경주, 로마, 이스탄불처럼 말이야. 그래서 유네스코에서는 아크로폴리스를 세계 유산의 이상을 상징하는 곳이라고 말하기도 해.

아테네에 많은 신전이 생겨난 것은 사실 그리스-페르시아 전쟁과 깊은 관련이 있어. 당시에는 아테네의 동쪽에서 크게 일어난 페르시아가 점점 세력을 넓히고 있었어. 마침내 아테네까지 넘보며 마라톤 광야로 쳐들어왔지. 아테네는 기회를 엿보다가 운 좋게도 적은 수로 페르시아 대군을 무찔렀어. 페르시아가 다시 쳐들어왔지만 아테네는 살라미스라는 좁은 바다에서 페르시아 함대를 보기 좋게 이겼지.

전쟁에서 승리하자, 아테네는 주위에 자기네 힘을 당당하게 뽐내고 싶었을 거야. 그래서 신전을 크게 세우고 주변의 도시 국가들한테 돈을 뺏다

파르테논 신전은 아테네가 자신들의 힘을 뽐내려고 만들었다.

시피 해서 강제로 거둔 뒤에 자기네 신전에 보관했어. 언제 또 페르시아 군대가 쳐들어올지 모르니 군사비를 미리 마련해 둬야 한다는 구실이었지. 그 신전이 바로 파르테논 신전이야. 파르테논은 처녀라는 뜻의 그리스 말 파르테노스Parthenos에서 나왔어. 아테나 여신이 결혼을 하지 않았거든.

당시 사람들은 신전을 될 수 있는 한 웅장하고 거대하게 지으려고 했어. 파르테논 신전으로 들어가는 입구에 어마어마하게 큰 대리석 기둥들이 우뚝 솟아 있어. 이 거대한 입구를 프로필라이움이라고 하는데, 건물의 현관과도 같은 거야. 그 높이가 13미터가 넘는 것에서 18미터에 이르는 키 큰 기둥들로 이루어졌지.

험하게 비탈진 땅의 모양과 잘 어우러지는 높은 기둥은 성스러운 곳으로 들어가는 입구로 잘 어울려. 장엄하고 엄숙한 느낌이 잘 드러나거든. 높은 언덕에 서 있는 프로필라이움은 어찌 보면 유럽 문명의 뿌리인 아테네 사람들의 꼿꼿한 자존심처럼 보이기도 해.

프로필라이움 오른쪽에는 승리의 여신 니케의 신전이 있어. 절벽 바깥쪽으로 튀어나갈 것처럼 절벽 끝에 서 있지. 전쟁에서 이긴 뒤에 승리를 축하하며 세웠기 때문에 승리를 나타내는 종려나무 가지를 손에 쥐고 있어.

파르테논 신전 맞은편에는 에렉테움 신전이 있어. 이 신전은 아름다운 여인의 조각이 마치 기둥처럼 지붕을 떠받치고 있는 걸로 유명해. 조각은 어찌나 섬세한지 돌에 새긴 옷감의 주름이 바람에 흩날리기라도 할 것 같아.

파르테논 신전에서 북쪽으로 올라가면 아고라 광장이야. 처음에 아고라 광장은 물건을 서로 교환하던 곳이었는데 나중에는 생각과 뜻을 나누는 곳으로 바뀌었어.

에렉테움 신전은 파르테논 신전과 함께 아크로폴리스를 대표하는 신전으로 페르시아 전쟁으로 파괴된 아테네 신전을 대신해 세워졌다. 이오니아식 건축물.

이 광장은 더운 여름에 바깥 생활을 즐기던 아테네 사람들 때문에 생겼어. 더위 때문에 집 밖으로 나온 사람들이 광장에서 지내기를 좋아하니 자연스럽게 이야기를 나누게 되고, 시장이 만들어지고, 결국에는 중요한 토론을 하는 장소가 된 거야. 그래서 아고라는 민주주의의 상징이 됐고, 아테네에는 민주주의가 뿌리내렸지.

그러나 아테네가 계속 거들먹거리며 주위의 도시 국가를 힘으로 누르자 볼멘소리가 나오기 시작했어. 결국 아테네는 그리스의 또 다른 도시 국가인 스파르타와 25년이라는 길고 긴 싸움 끝에 지고 말아.

 여러 신전의 기둥 모양

신전의 기둥을 잘 살펴보면 어떤 것들은 조금 더 우아하며 화려하고, 어떤 것들은 그보다는 조금 우람하고 씩씩해 보여. 이것은 서로 다른 부족이 발전시킨 특징 때문에 그래.

그리스 신전에서 맨 처음 나타난 건축은 도리아 부족이 만든 도리아식이야. 도리아 부족은 주로 펠로폰네소스 반도에서 살았는데, 점점 그리스 전체와 이탈리아 남쪽 지역까지 퍼졌어.

건물이 모두 직선으로 이루어져서 단정하고, 묵직하며, 장엄한 느낌이 나. 기둥에는 여러 홈을 길게 파서 세로줄을 세웠어. 위에서 말한 배흘림기둥도 도리아식의 특징이야. 파르테논 신전이 바로 도리아식의 대표적인 건물이지.

도리아식과 거의 같은 시기에 이오니아식도 나타났어. 이오니아 부족은 소아시아의 에게 해 기슭에 살면서 이오니아식을 발전시켰지.

이오니아식은 도리아식과 비슷하지만 기둥이 높고 가늘며, 구석구석에 조각 장식이 많아. 그 덕에 훨씬 발랄하고 우아한 느낌이 들어. 도리아식은 기단과 기둥 사이에 받침돌이 없는데, 이오니아식은 아름다운 받침돌이 있어.

기둥 위에도 소용돌이무늬의 장식이 있고, 지붕으로 이어지는 부분에도 돋을새김 평평한 면에 글자나 그림을 도드라지게 새긴 것의 조각들이 화려해. 그래서 사람들은 도리아식의 건물을 남성 같다고 하고, 이오니아식은 여성 같다고 하지. 이오니아 양식의 우아함과 화려함을 갖춘 대표적인 건물은 아테나 니케 신전이야.

시간이 지나면서 이오니아식보다 더 화려하고 더 우아한 방식이 나타났어. 도리아 사람이 세상을 다 가진 것처럼 의기양양했을 때 만든 코린트식이야. 도리아 사람이 북쪽 지방에 세운 마케도니아는 알렉산더 대왕에 이르러 페르시아를 차지하고 대제국이 됐어. 권력이 생기면 화려한

신전 기둥의 세로 골 줄

그리스 신전 기둥에는 세로로 골이 난 줄이 있다. 이 줄은 힘센 근육과도 같은 느낌을 주어 기둥이 지붕을 잘 받치고 있다는 안정된 느낌을 준다. 또한 햇빛을 받으면 골에서 생기는 그림자 덕분에 기둥의 수직적 특징이 더 강조된다.

　옷을 입듯이, 이긴 자들의 드높은 자존심은 건축에 그대로 드러났지. 전보다 꾸밈이 훨씬 많아진 거야.

　이오니아 양식에 있는 소용돌이무늬에다 식물 아칸서스의 잎과 넝쿨이 얽힌 모양 장식을 더해 기둥머리에 얹었지. 이것이 나중에 로마에 전해지면서 엄청난 유행을 일으키고, 더욱 화려해졌어. 로마의 웬만한 기둥은 다 화려한 잎과 덩굴로 장식된 코린트식이야.

　이런 차이를 알고 나면 신전의 기둥 하나도 보는 재미가 더할 거야.

 위기의 신전들

 우람하거나 아름다운 신전들은 지금까지 어려운 시간을 견뎌 왔어. 나중에 아테네에 쳐들어온 십자군과 오스만 제국 군대는 신전을 무너뜨리고 짓밟았어. 아테네를 차지한 군대의 종교에 따라 가톨릭 성당이나 이슬람 사원으로 바뀐 것은 물론이고, 폭탄과 총알까지 받아야 했어. 심지어 프로필라이움은 화약 창고로 쓰이기도 했지.

 프로필라이움은 폭파돼서 흔적만 남아 있고, 파르테논 신전의 기둥에는 총알 자국이 수없이 박혀 있어. 그나마 남아 있던 처마의 장식물이나 상하지 않은 조각들은 대부분 영국 사람들이 가져갔어. 그래서 대영 박물관에 보관하고 있지.

 망가진 신전을 안타까워하던 사람들은 대리석을 다시 고쳐 세우느라 안쪽에 금속을 이어댔어. 그런데 이게 신전을 더욱 상하게 한다는 거야. 금속이 녹슬기 때문에 안에서부터 대리석이 망가지고 있다고 해.

 이뿐만이 아니야. 아테네의 자동차 매연에서 나온 아황산가스 때문에 단단한 대리석이 석고처럼 쉽게 부서지는 재료로 바뀌고 있어. 참으로 안타까운 일이지. 유네스코에서 이들을 보호하려고 애를 쓰고 있지만, 모두가 노력하지 않으면 유산은 얼마 못 가 사라지고 말 거야.

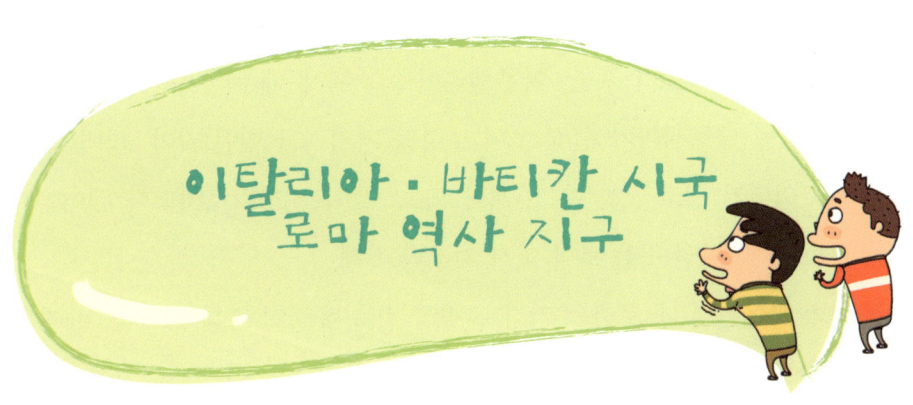

이탈리아 · 바티칸 시국 로마 역사 지구

 세계 역사의 중심지, 로마 역사 지구

모든 길은 로마로 통한다.
로마는 하루아침에 이루어지지 않았다.
로마에 가면 로마법을 따르라.

이처럼 사람들의 입에 자주 오르내리는 도시가 로마 말고 또 있을까? 기원전 8세기에 늑대 젖을 먹고 자란 로물루스와 레무스가 세웠다고 전해지는 로마는 로마 공화정과 로마 제국의 중심지였어.

또 4세기 이후에는 기독교 세계의 중심이 됐어. 5, 6세기 다른 민족의 침입을 받기 전까지 천 년이 훨씬 넘도록 정치, 경제, 사회, 문화가 로마로부터 퍼졌지. 그런 로마가 태어나던 때부터 간직한 수많은 유산의 생생한 터가 바로 로마 역사 지구야.

로마 제국은 3세기 후반, 아우렐리아누스 황제 때부터 성벽을 쌓았어. 동쪽에 있던 페르시아가 신경 쓰여 로마를 지키려고 했던 거야. 성벽의 높이는 10미터가 넘고, 성문은 16개나 되고, 길이는 20킬로미터나 됐어. 이 성벽으로 둘러싸인 곳을 로마 역사 지구라고 해.
　성벽 안에는 고대 로마의 가장 유명한 건축 유적인 포룸 로마눔, 판테온 신전, 콜로세움, 개선문 등이 흩어져 있어.
　로마에는 3,000여 년 전부터 라틴 족이 살았다고 해. 라틴 족은 처음에는 로마보다 조금 남쪽인 라티움 지방에 살았어. 그 땅 이름을 따서 라틴 족이라고 부르게 됐어. 라틴 족이 로마에서 나라를 세운 것은 기원전 8세기 중반이야. 로마가 첫 걸음마를 떼기 시작한 이때, 아테네에서는 고대 올림픽이 시작된 지 20여 년이 지났으며, 이탈리아 반도의 남쪽 지방과 서아시아에 이미 식민지를 두고 있었어. 또, 로마의 북쪽에는 에트루리아 사람들이 자리를 잡고 있었지. 에트루리아는 로마가 힘이 세지기 전까지는 주변에서 가장 힘이 셌던 부족이야.
　로마는 에트루리아 사람들에게 많은 것을 배웠어. 에트루리아 왕족이 입던 토가라는 옷을 따라 입기도 했고, 에트루리아 사람들이 아테네와 무역을 하면서 배운 알파벳을 보고 문자도 익혔지. 아테네가 서아시아의 페니키아에서 배운 바로 그 문자 말이지.
　로마는 아테네 사람들이 믿는 신들까지도 받아들였어. 로마는 나중에 아테네를 점령하게 되는데, 오히려 아테네에게 점령당했다는 말이 있을 정도야.

로마는 안에서 일어난 싸움을 잘 다스렸으며, 밖으로는 땅을 넓혀 세상을 주름잡았어. 동서로 나뉜 뒤에 서로마 제국이 망한 5세기까지, 로마가 중심이던 역사는 오랜 세월 이어졌어. 그 역사의 흔적이 로마 역사 지구에 남아 있지.

 **수많은 유산**

로마 역사 지구는 일곱 언덕 가운데 하나인 팔라티노 언덕에서 시작해. 팔라티노 Palatino 는 영어로 팰리스 Palace, 그러니까 왕궁이라는 말이야. 로물루스가 돌로 왕궁을 쌓았다는 바로 그 언덕이지.

스스로 로마 제국 최초의 제1시민이 된 아우구스투스는 그 언덕에 집을 지었어. 평생을 검소하게 살았던 아우구스투스는 집도 매우 소박하게 지었지. 그 뒤 로마의 황제들은 황제가 되면 으레 팔라티노 언덕으로 이사를 했어.

화려한 것을 좋아한 황제들은 이 언덕에 화려한 궁전을 하나, 둘 짓게 돼. 그래서 팔라티노 언덕은 궁전의 언덕이 됐지. 나라의 금고가 텅텅 빌 정도로 사치했던 네로 황제는 이 언덕의 궁전과 다른 언덕에 있는 황금 궁전을 지하도로 연결하기까지 했다지.

또 어떤 황제는 잔치를 열 수 있는 커다란 식당과 경기장이 있는 거대한 궁전을 짓기도 했어. 개인 목욕탕을 지은 황제도 있다고 해. 지금은 무너져 내린 담벼락의 흔적으로만 남아 있어.

　팔라티노 언덕의 양 옆으로 포룸 로마눔과 콜로세움이 있어. 포룸 로마눔은 로마 광장이라는 뜻이야. 원래 언덕 아래에 있는 낮은 땅으로 습지대였는데, 물이 빠지는 시설을 갖춘 뒤에 광장이 됐어. 아테네의 아고라를 본뜬 광장이야.

팔라티노는 로마를 건국한 로물루스가 돌로 왕국을 지었다는 언덕이다. 그 뒤 로마 황제들이 이곳으로 이사해 살았다.

내 집은 팔라티노 언덕에서 가장 호화롭게 지어라!

빨리 움직여!

화려한 궁전을 짓느라 나라의 곳간이 바닥났네!

포룸 로마눔은 아고라처럼 시장이면서 토론과 대화의 공간이었어. 한마디로 나라의 중심이었지. 나랏일을 맡아 하는 원로원도 이 광장에서 중요한 연설을 했지. 이 전통이 남아서 지금도 여러 사람이 모여 서로의 생각을 나누는 자리를 포럼이라고 해.

콜로세움은 거대한 원형 경기장이야. 원래 이름은 플라비우스 원형 극장이지. 경기장을 지은 황제가 플라비우스 왕조거든. 콜로세움은 한꺼번에 5만 명이 들어갈 수 있을 정도로 크기가 어마어마해. 거대한 경기장에 수많은 사람이 한꺼번에 몰리면 무척 혼란스러웠겠지? 천만에, 문이 80여 개가 있어서 모든 사람이 자리를 잡는데 고작 10분밖에 안 걸렸대.

콜로세움에서는 전차 경주, 연극, 검투사 경기 같은 많은 볼거리가 펼쳐졌어. 로마 사람들은 검투사들을 서로 싸우게 하고, 진 사람은 맹수와 대결하게 해서 피 흘리는 모습을 보며 열광했어.

지금은 경기장 바닥이 모두 망가져서 지하실의 뼈대가 훤히 드러나 있어. 미로 같은 건물의 뼈대를 보면, 맹수의 공격에 맞서는 검투사의 심장 고동소리와 사람들의 함성이 아직도 들리는 것 같아.

콜로세움은 층마다 건축 양식이 다른 것으로도 유명해. 1층은 씩씩하고 남성다운 도리아식으로 지었고, 2층은 우아하고 여성스러운 이오니아식이야. 3, 4층은 화려한 코린트식으로 꾸몄지.

콜로세움의 입구에는 콘스탄티누스 대제의 개선문이 있어. 콘스탄티누스 대제는 서로마를 통일한 황제야. 통일을 기념해서 개선문을 세운 거지. 이것을 따라 프랑스에서도 나폴레옹 1세가 전쟁에서 승리한 뒤, 에투알 개선문과 카루젤 개선문을 세웠어.

포룸 로마눔 서쪽에는 기원전 6세기에 지은 주피터 신전과 주노 신전의 언덕이 있었어. 이 언덕은 로마 제국에서 정치와 종교의 중심이었던 카피톨리누스 언덕이야.

신관은 카피톨리누스 언덕에서 새가 날아가는 것을 보고 점을 치기도 했고, 반역죄를 저지른 죄수를 처형하기도 했지. 언덕에 있던 신전의 유적은 지금 거의 남아 있지 않아. 르네상스 시대에 새로운 건물을 세웠기 때문이야. 그 건물은 지금 의회, 오래된 문서를 보관하는 고문서실, 로마 시장의 공관으로 쓰이고 있어.

로마 역사 지구에는 여러 신을 모신 신전, 판테온도 있어. 로마 시민들은 정말 많은 신을 믿었어. 많을 때는 신의 수가 3만이 넘었다고 해. 판테온이란 말이 '모든 신'이란 뜻이야. 당시 최고의 신전이었지.

돌기둥은 어른 셋이 팔을 벌려야 다 감쌀 수 있을 정도로 거대해. 그런 돌기둥 16개로 중심을 잡고, 둥근 천장을 얹었어. 이 둥근 천장이 뒷날 성당의 둥그런 지붕으로 이어진 거야. 로마가 정식으로 기독교를 인정한 뒤에 판테온 신전은 지금까지도 성당으로 쓰이고 있거든.

 콜로세움에 영혼을 팔다

기원전 2세기 무렵, 지중해를 모두 차지한 로마는 그 어느 때보다 번성했어. 그러나 그 혜택은 고르게 나누어지지 않았어. 중산층 이상만 이득을 보았지. 게다가 전쟁에서 이겨 데려온 노예들이 온갖 잡일을 하자, 오히려 평민들은 돈벌이가 없어지게 돼 버렸어.

로마의 평민으로서 먹고사는 일은 너무 고된 일이었어. 밥벌이를 위해서 이곳저곳을 떠돌아다녀야 했지. 로마의 원로원에서는 은근히 걱정이 됐어. 불만에 가득 찬 평민들이 혹시 폭동을 일으킬까 봐 겁이 난 거야. 그래

콜로세움은 베스파시아누스 황제가 착공하고 티투스 황제 때 완성됐다. 많이 망가져서 지하에 있던 미로 같은 방이 그대로 드러나 보인다.

서 생각해 낸 게, 사람들에게 즐거움을 줄 수 있는 극장을 만드는 거였지.

극장에서는 검투사 시합, 맹수들과 인간의 싸움이 수천 번도 더 열렸어. 어느 건국기념일에는 2천 명의 검투사가 기린, 하마, 야생고양이를 죽이는 경쟁을 벌이기도 했대. 심지어는 모의 해전을 했다고 주장하는 역사학자들도 있어. 모의 해전은 경기장 바닥에 물을 채우고, 바다에서 전쟁이 난 것처럼 전쟁놀이를 하는 거야.

구경꾼들에게는 공짜 빵을 나누어 주었지. 사람들은 현실의 문제를 잊어버리고 공짜 빵과 경기에 열중했어. 비꼬기 좋아하는 역사학자들은 로마 사람들이 빵과 서커스에 영혼을 팔아 버렸다고 조롱했지. 콜로세움은 이와 같은 정치적인 목적을 가지고 태어난 거야.

이제 콜로세움은 많이 망가졌어. 중세 때에는 낙뢰와 지진으로 상했으며, 대리석으로 만들었던 좌석과 장식물도 모두 사라졌지. 8세기의 어느 예언자는 말했어. '콜로세움이 우뚝 서 있는 동안은 로마도 살아남을 것이다. 콜로세움이 무너진다면 로마도 무너질 것이다. 로마가 무너지면 세계도 무너진다.'

이 말을 믿는 사람은 콜로세움이 아직 무너지지 않았다고 안도할지도 몰라. 그러나 사실은, 콜로세움뿐만 아니라 로마의 유적 전체가 공해 때문에 망가지고 있어. 꼭 예언자의 말이 아니어도 세계 유산을 오래오래 전하려면 어찌해야 하는지, 우리의 일상을 돌아다봐야 할 것 같아.

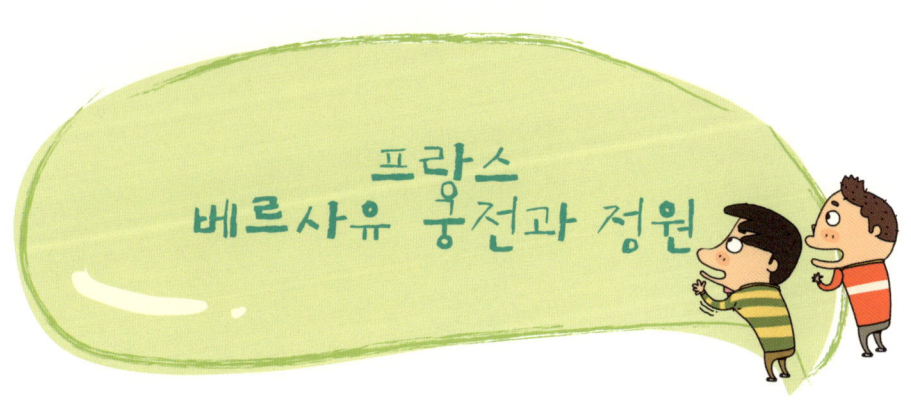

프랑스 베르사유 궁전과 정원

 화려함의 대명사, 베르사유

유럽의 심장, 프랑스에는 세상에서 가장 유명한 궁전이 있어. 화려하기로 이름이 난 베르사유 궁전이야.

베르사유는 루이 14세의 아버지인 루이 13세가 사냥을 할 때 머무르던 이름 없는 마을이었어. 가시덤불이 무성하고, 주변보다 땅이 낮아 냄새나는 늪도 있었지. 하지만 큰 숲으로 통하는 길목이어서 산짐승, 들짐승은 물론 새 종류까지 많았어.

사냥을 좋아한 루이 13세는 이곳에서 사냥을 하다가 버려진 낡은 탑에 들어가 짚단 위에서 잠을 자곤 했어. 그러다가 이곳에 작은 집을 짓게 된 거야. 이것이 루이 14세를 거치면서, 세상에서 가장 화려한 궁전으로 태어난 거지.

베르사유 궁전에는 700여 개의 방이 있어. 가장 유명한 곳은 '거울의 방'이야. 아치 모양으로 된 커다란 거울을 비롯해 17개의 거울이 있고, 커다란 샹들리에가 매달린 이 방은 화려하기 이를 데 없어.

천장에는 루이 14세가 이룬 업적이 가득 그려져 있는데, 원래는 아폴론이나 헤라클레스를 그리려다가 화가가 마음을 바꿨다고 해. 베르사유 궁전은 루이 14세의 영광을 나타내는 궁전이었으니까.

거울의 방 말고도, 루이 14세가 말을 달리는 모습이 벽에 새겨진 '전쟁의 방', 루이 14세의 동상이 세워져 있는 '비너스의 방', 왕비들이 아기를 낳았던 '왕비의 침실'처럼 화려하고 아름다운 방이 많아.

베르사유 궁전은 루이 14세가 1664년부터 1715년까지 51년에 걸쳐 완성했다. 바로크는 '일그러진 진주'라는 뜻으로 의자 다리 하나도 구부려서 멋을 낸 화려한 양식이다.

궁전의 북쪽 별관에는 오페라 극장까지 있어. 오페라 가수가 노래할 때 노래 소리가 잘 울리도록 나무로 만들었어. 나무는 색을 입혔는데, 마치 대리석처럼 보이기도 해. 루이 16세가 결혼을 할 때 여기에서 첫 공연을 했지.

궁전 앞에서는 보이지 않지만 뒤쪽에는 분수가 천 개나 되는 정원이 있어. 루이 14세가 직접 '베르사유의 정원을 보는 방법'까지 썼을 정도로 넓은 정원이야. 정원에는 분수와 이어지도록 십자 모양의 커다란 물길도 만들었어. 땅거미가 질 무렵이면 궁에 사는 사람들은 정원에 불을 밝히고 물길에서 뱃놀이를 즐겼지. 이탈리아에서 가져온 곤돌라를 타고서 말이야.

정원의 한켠에는 작은 궁전도 있어. 루이 14세의 별궁이었던 그랑 트리아농과 루이 16세의 왕비인 마리 앙투아네트가 머물렀던 프티 트리아농이야. 트리아농은 궁전을 짓는 바람에 파괴된 마을의 원래 이름이지.

이웃 나라의 왕들은 베르사유 궁전을 정말 부러워했어. 그래서 러시아, 스위스, 독일에는 이 궁전을 본뜬 궁전까지 생겨났지.

 베르사유 궁전을 지은 태양왕

이웃 나라 왕들은 베르사유 궁전도 부러웠지만, 실은 프랑스의 왕을 더 부러워했어. 베르사유 궁전을 짓도록 명령했던 프랑스의 왕, 루이 14세 말이야. 힘이 아주 세서 귀족들을 꼼짝 못하게 만들었거든. 힘이 얼마나 셌던지, 별명이 태양왕이었어.

　태양왕은 연극을 좋아해서 연극에 직접 출연하기도 했는데, 그때 태양을 수놓은 복장으로 나왔대. 사람들은 그때부터 루이 14세를 태양왕이라고 불렀어. 힘센 왕과 강렬한 태양의 느낌이 잘 맞았던 거야.

　루이 14세는 5살에 왕이 됐고, 9살에는 난리를 겪었어. 귀족들이 왕에 반대하는 난리였지. 난리는 쉬 끝나지 않았고, 루이 14세는 5년 동안 갖은 고생을 했어. 이런 기억 때문에 루이 14세는 파리를 싫어하게 됐지. 이때 귀족의 힘을 꺾어야겠다고 결심을 했는지도 몰라.

　베르사유 궁전이 귀족을 길들이기 위해 꼼꼼하게 따져 지은 궁전이라는 말이 있을 정도야. 언젠가 루이 14세가 어느 귀족의 초대를 받았는데 귀족의 성이 자신의 궁전보다 훨씬 화려해서 자존심이 상했다고 해. 그래서 그 귀족을 뇌물죄로 벌주고, 어떤 성보다도 화려한 궁전을 계획했다고도 해.

　어쨌든 루이 14세는 하루라도 빨리 파리를 떠나고 싶었어. 그래서 공사가 채 끝나기도 전에 베르사유로 이사를 했지. 이사한 뒤에도 궁전의 공사는 수십 년이나 이어졌어. 궁전 짓는 일에 무척 관심이 많았던 루이 14세는 아무리 작은 일이라도 모두 보고를 받았지. 심지어 전쟁터에서 싸움을 하는 중에도 꼬박꼬박 보고를 받았다고 해. 창문 하나가 마음에 안 든다고 부하들 앞에서 장관을 혼낼 정도였어.

　루이 14세는 천여 명이나 되는 귀족과 왕족도 베르사유 궁전으로 옮겨 와 살게 했어. 이들을 시중드는 사람들이 4천여 명으로, 모두 5천여 명이 궁전에 살았다는군. 베르사유 궁전은 하나의 도시나 마찬가지였던 셈이야.

루이 14세는 자신이 곧 국가라며 왕의 힘을 자랑했지만, 하도 전쟁을 많이 해서 전쟁광, 저승사자라는 별명까지 생겨났어. 이즈음 프랑스는 이탈리아에 뒤져 있던 예술과 학문을 따라잡고 오히려 앞서기 시작했어. 루이 14세가 예술과 학문을 귀하게 보살폈거든.

루이 14세는 나랏일을 보살피는 데도 시간을 많이 썼다고 해. 하지만 나중 사람들은 훌륭한 업적 대신 전쟁의 이미지로 루이 14세를 떠올릴 뿐이야.

화려하고 아름다운 궁전에서 수없이 열리는 파티를 즐기고, 힘을 자랑하는 숱한 전쟁들을 치르면서 루이 14세는 앞날을 내다보지 못했을 거야. 시민들의 인심이 어떻게 변하는지, 나중에 이것 때문에 얼마나 큰 값을 치러야 하는지를 말이야.

 폭풍처럼 불어 닥친 프랑스 혁명

루이 14세가 베르사유 궁전으로 이사한 건 1680년이야. 이로부터 백여 년 뒤인 1789년은 인류의 역사에서 아주 중요한 해야.

당시 굶주림에 지친 프랑스 사람들은 성이 나 있었어. 그런데 세금을 더 내야 한다는 소식이 들려왔어. 당시 프랑스의 국왕이던 루이 16세가 영국과 독립 전쟁을 벌이던 미국을 도와주기로 한 거지. 나랏돈은 화려한 궁전과 사치스런 궁정 생활 때문에 이미 바닥나 있었어. 시민들이 내는 세금밖

에는 기댈 곳이 없었지.

　시민들은 안 그래도 배가 고픈데, 세금까지 더 내라니 화가 났어. 게다가 귀족들은 세금을 내지 않았거든. 때마침 프랑스의 철학자들은 모든 인간은 평등하다며 '자연으로 돌아가자'고 외치는 중이었어. 시민들은 귀족들도 세금을 내야 한다고 주장했어. 그러나 시민들의 주장은 받아들여지지 않았지. 귀족들은 세금을 내고 싶지도 않았고, 시민들이 정치적인 힘을 갖는 것도 싫었으니까.

　국왕과 귀족들이 내린 결정에 시민들은 화가 단단히 났어. 그래서 시민들은 바스티유 감옥으로 몰려갔지. 그곳에 무기가 있었거든. 감옥을 쳐부수고 들어가 무기를 손에 쥔 시민들의 힘은 커다란 파도 같았어. 이른바 혁명이 일어난 거야.

　혁명가들은 왕이 머무는 베르사유 궁전으로 쳐들어갔어. 그런데 이미 왕은 궁전을 빠져나가고 없었어. 궁전 안을 본 사람들은 눈이 튀어나올 것 같았어. 자신들의 굶주림과 왕의 사치가 너무나 대조적이었던 거야. 국왕의 가족은 이웃 나라로 도망치다가 붙잡혔어.

　혁명가들은 국왕과 왕족이 프랑스를 배반했다고 주장하며 루이 16세와 왕비, 마리 앙투아네트를 단두대에서 처형했어. 백성들의 원망이 하늘을 찌를 것 같았거든. 화려한 궁전에서 백성들의 피와 땀으로 파티를 즐겼던 왕의 마지막 순간이었지. 이 혁명의 결과로 프랑스는 정치적 힘을 시민과 함께 나누게 됐어.

　프랑스의 국왕과 궁정 사람들이 누린 화려함은 순간으로 끝나 버렸어. 그러나 베르사유 궁전의 명성은 아직도 대단해. 베르사유 궁전을 구경하려는 사람들로 궁전 앞은 매일 장사진을 이루고, 궁전 안은 만원 버스처럼 북적대거든.

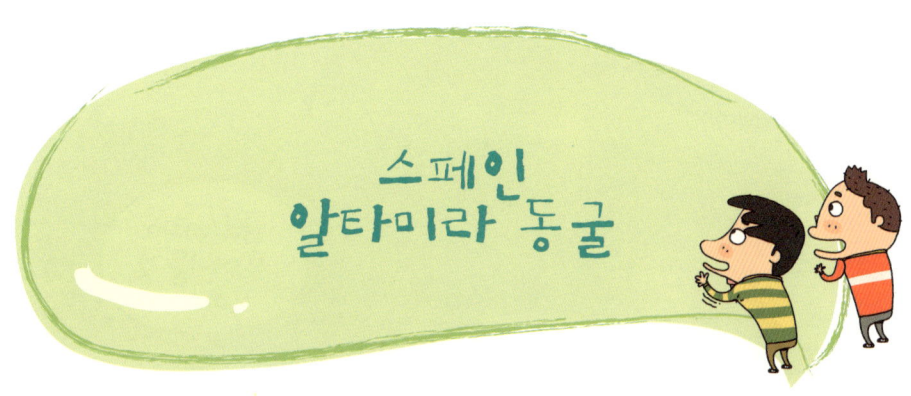

스페인 알타미라 동굴

 구석기 시대의 흔적

　스페인에는 인간이 그린 가장 오래된 그림이 있어. 스페인 북쪽 산탄데르 근처에 있는 알타미라 동굴에 있는 그림이야. 과학자들은 이 그림이 구석기 시대의 것이라고 밝혔어.

　동굴에는 여러 가지 동물 그림이 그려져 있는데, 마치 살아 움직이는 듯 생동감이 넘치고, 금방이라도 벽과 천장을 뚫고 나올 것만 같아. 이 그림으로 우리는 구석기 시대의 예술이 얼마나 뛰어난지 짐작할 수 있고, 또 그 시대 사람들이 어떻게 살았는지도 엿볼 수 있지.

　이 그림이 처음 세상에 알려졌을 때, 사람들은 그렇게 오래된 그림이 아닐 거라고 생각했어. 구석기 시대의 원시인들이 그림을 그렇게 잘 그렸을 리 없다고 생각한 거야. 그림을 처음으로 세상에 알린 사람이 거짓말을 하는 거라고 생각했어. 화가를 시켜 그림을 그려 놓고 옛것이라고 속였다는

거야.

　동굴 벽화를 처음 발견한 사람은 고고학에 관심이 많은 변호사였어. 하지만 세상 사람들이 믿어주지 않아 속만 앓다가 숨을 거두고 말았지. 사기

꾼이라는 억울한 누명까지 쓰고 말이야.

아주 오랫동안 신념을 가지고 노력한 덕분에 구석기 시대의 동굴 벽화를 발견한 것인데, 살아 있을 때 인정을 받지 못했으니 안타까운 일이지. 그 사람의 이름은 마르셀리노 산스 데 사우투올라야.

 구석기 시대부터 있어 왔던 황소

고고학에 관심이 많았던 사우투올라는 스페인 북쪽의 어느 마을에 오래된 동굴이 있다는 소문을 들었어.

'오래된 동굴이라면 틀림없이 오래된 미술 작품이 있을 거야.'

이렇게 생각한 사우투올라는 사냥꾼에게 부탁을 했어. 동굴을 찾아달라고. 부탁을 받은 사냥꾼은 개를 데리고 숲으로 들어갔어. 그런데 사냥꾼은 숲에서 그만 개를 잃어버리고 말았어. 동굴도 못 찾고, 개까지 잃어버린 사냥꾼이 속이 상해 있을 때, 멀리서 개 짖는 소리가 들려왔지. 소리 나는 쪽으로 가 보니, 개가 바로 동굴의 입구에 있는 거야. 사냥꾼은 사우투올라에게 바로 이 사실을 알렸지.

들뜬 마음으로 동굴에 간 사우투올라는 실망이 이만저만 아니었어. 동굴에 아무 것도 없었거든. 몇 차례나 되풀이해서 조사해 봤지만 헛수고였어. 그러는 사이 11년이란 세월이 흘러갔지.

사우투올라는 1879년 다시 동굴에 가 보려고 채비를 했어. 그때 5살짜리 어린 딸, 마리아가 같이 가겠다고 졸라댔지. 사우투올라는 하는 수 없이 마리아를 데리고 집을 나섰어. 동굴에 들어서자 사우투올라는 다시 한 번 동굴 안을 샅샅이 조사하느라 정신을 빼앗겼어. 마리아가 근처에서 사라진 것도 눈치채지 못했지.

잠시 뒤, 멀리서 마리아의 울음소리가 들렸어. 그제야 딸이 없어진 걸 확인한 사우투올라는 마리아를 찾아 헤맸어. 마리아는 아이 한 명이 겨우 들어갈 만한 틈 너머에 있었어. 사우투올라는 몸을 낮추고 겨우 그 틈을 빠져나갔어. 아빠 품에서 마리아는 울음을 그치고 말했어.

"아빠, 저기 황소가 있어요!"

마리아가 가리키는 곳을 보고 사우투올라는 깜짝 놀랐어. 거기에 진짜 황소가 있었어. 황소뿐만 아니라 들소, 사슴, 말, 노루, 이리, 멧돼지 같은 동물들도 있었지. 물론 실제 동물은 아니고 그림으로 말이야. 벽이나 천장에 직접 그린 것이었는데 어찌나 생생하게 그려 냈던지 금방 달려 나올 것 같았어.

또 어떤 것은 2미터가 넘을 정도로 그림이 컸어. 그동안 이런 굉장한 그림을 찾아내지 못한 것은 몸집이 작은 어린 아이만 드나들 수 있을 만큼 좁은 틈 뒤쪽에 그림이 있었기 때문이야. 사우투올라는 자신을 따라나선 마리아가 정말 고마웠어. 사우투올라는 매일같이 동굴에 갔어. 270미터나 되는 긴 동굴에 그림을 그려 넣은 방이 여럿 있었지.

사우투올라는 1880년에 이 굉장한 사실을 발표했어. 그런데 사우투올라의 기대와는 달리, 과학자들이 코웃음을 치는 거야. 사우투올라가 화가한테 시켜서 동굴에 그림을 그려 넣었다는 거였어.

　동굴은 15,000년 전의 구석기 시대의 동굴이었는데, 원시인들이 그렇게 그림을 잘 그릴 수는 없다는 거야. 게다가 마치 그림을 갓 그려낸 것처럼 색깔도 선명하다는 거야.

　사기꾼 취급을 받은 사우투올라는 끙끙 앓았어. 10여 년이 흐르자 프랑스의 라스코 동굴에서도 비슷한 그림이 발견됐어. 또 다른 동굴에서도 나

왔어.

과학자들은 드디어 인정할 수밖에 없었어. 알타미라 동굴의 벽화가 그토록 오래된 구석기 시대의 흔적이라는 걸. 그때는 이미 사우투올라가 세상을 뜬 뒤였어.

 왜 동굴에 그림을 그렸을까?

사우투올라가 발견한 그림들은 사람들을 충격에 빠뜨렸어. 원시인은 머리가 나쁘고, 그림을 못 그릴 거라고 생각하고 있었거든. 이 예상은 완전히 빗나갔어. 알타미라 동굴을 다녀간 뒤 피카소는, 알타미라 이후에 모든 것이 뒷걸음질 쳤다고 말했어.

동물들의 힘찬 몸짓은 마치 살아 있는 모습과도 같았으며, 선의 굵기 하나하나도 모두 계산한 것 같은 그림이었어. 또 동굴 안에 튀어나온 부분에 동물의 배를 그려 넣는다거나 금이 간 부위조차 실제 있는 선처럼 보이게 만들었지.

그림이 그려진 시기는 대략

15,000년 전으로, 빙하기가 끝난 때였지만 지금의 유럽보다 훨씬 추웠을 테고, 하루하루 먹고 사는 걸 걱정해야 했을 텐데, 왜 사람들은 동굴 안에 그림을 그렸을까? 게다가 천장에 그림을 그리는 일은 결코 쉬운 일이 아니었을 텐데.

알타미라 동굴 속의 어떤 동물에는 뾰족한 것으로 여러 번 찌른 자국이 나 있다고 해. 학자들은 이것이 사냥을 위한 연습이거나, 사냥이 잘되게 해 달라는 기도였을 거래.

어떤 과학자는 붉은 빛을 띠는 색깔의 성분을 조사했는데 적혈구가 나왔다고 해. 이건 피를 사용했다는 뜻이야. 단순히 색을 내기 위해서 그랬던 건지, 제사 같은 의식을 위해 그랬던 건지 정확히 알 수는 없지만 심심풀이로 그림을 그린 건 아니라는 거야.

이 오래된 그림의 소문은 순식간에 전 세계에 퍼졌어. 수많은 사람이 그림을 보러 동굴로 모여들었지. 그러자 그림의 색깔이 변하기 시작했어. 과학자들은 사람들의 날숨에서 나오는 이산화탄소 때문에 색이 변하는 거라고 했어.

스페인 정부에서는 알타미라 동굴의 그림이 망가질까 봐 동굴 관광을 금지시켰어. 대신 모조품을 만들어 보여 주고 있어. 진짜를 구경할 수 없게 됐지만 15,000년 전의 인류가 그린 훌륭한 작품을 보면, 인류의 후손인 게 자랑스럽기까지 해.

영국 스톤헨지

 왜 돌을 남겼을까?

영국의 스톤헨지는 커다란 돌 문화로 잘 알려져 있어. 5,000여 년 전의 선사 시대 사람들이 만든 것인데, 거대한 돌을 둥그런 모양으로 세워 놓았지.

전 세계의 선사 시대 사람들은 커다란 돌을 세워 놓거나 줄지어 놓거나 둥글게 둘레를 만들기도 하고, 돌 위에 돌을 얹어 놓기도 했어. 이들 대부분은 무덤인데 스톤헨지는 정확히 무엇인지 아직 밝혀지지 않았어.

어떤 이는 스톤헨지도 무덤이라고 생각해. 어떤 이는 스톤헨지가 제사를 지내던 곳이라고 하고, 또 어떤 이는 하늘의 움직임을 관찰하던 곳이라고 해. 최근에는 병자들이 병이 낫기를 바라며 기도를 하던 곳이라고 주장하는 이도 있어.

여러 가지 추측 중에서 제사를 지내던 곳이라는 의견이 가장 많아. 스톤헨지 가까이에 돌무덤이 있는데, 이것이 바로 장례식과 같은 의식을 치르던 증거라는 거야. 게다가 기원전 8세기의 기록을 보면, 스톤헨지가 있던 장소에 대해 태양신 아폴로를 숭배하는 둥그런 모양의 신전이 있었다고 전하고 있어.

또한 스톤헨지는 하늘의 움직임을 관찰하는 것과도 어떤 관련이 있을 거라고 생각해. 일 년 중에서 해가 가장 긴 여름 날, 해가 뜨는 방향과 꼭 맞는 돌이 있었는데, 스톤헨지에서 가장 크고 무거우며 중요한 돌이야.

스톤헨지가 있는 잉글랜드 남서부의 솔즈베리는 산이 없는 평평한 땅이야. 주위에 돌이나 바위라고는 찾아 볼 수가 없어. 그러니까 스톤헨지의 돌은 어디 멀리 다른 곳에서 가져왔다는 얘기야.

과학자들은 자그마치 210킬로미터나 떨어진 곳에서 가져온 돌도 있다고 해. 서울에서 부산까지의 거리가 150여 킬로미터니 얼마나 먼 길이었을

스톤헨지는 영국의 솔즈베리 근처에 세워 놓은 커다란 돌무리다. 거석기념물이라고 부른다. 기원전 3100년 무렵부터 1400년 이전까지 여러 단계에 걸쳐 만든 것으로 짐작한다.

지 어림할 수 있지.

　영국에는 스톤헨지와 같이 동그라미 모양을 이룬 돌기둥 무리가 900여 개나 돼. 돌을 옮기고 깎아 세우는 것은 보통 어려운 일이 아니었을 거야.

　스톤헨지가 무덤인지, 제사를 지내던 곳인지, 치료를 위한 곳인지는 알 수 없지만, 단단하고 오래오래 변하지 않는 돌로 인간이 영원히 살 수 없는 아쉬움을 달래려던 것인지도 몰라.

 어떻게 생겼을까?

　스톤헨지를 하늘에서 내려다보면 중심에 같은 동그라미가 여럿 있는 모양이야. 맨 바깥 동그라미는 도랑을 팠던 흔적만 있어. 그 안에 둔덕으로 이루어진 동그라미, 그 안에 기둥 구멍이 만든 동그라미, 그 안에 커다란 돌기둥 동그라미, 또 그 안에 U자 모양으로 열린 동그라미가 차례로 있지. 이런 모양이 나오기까지는 오랜 세월이 걸렸어. 기원전 3100년 즈음에 시작해서 1000여 년 동안 세 단계로 만들었어.

　맨 처음 솔즈베리 들판 한가운데 지름이 106미터 되는 도랑을 팠어. 도랑의 깊이는 가장 얕은 곳이 2.1미터 정도로 깊고 가파르게 깎아냈지. 이 도랑에서 토기 조각과 사슴뿔이 나왔어.

　사람들은 사슴뿔이 도랑을 파는 데 쓰인 도구라고 짐작해. 또한 넓적한 실패처럼 생긴 토기도 찾아냈는데, 이건 아마 단지의 받침대였을 거야. 이

걸로 보아 제사지낼 때 예의를 갖추었음직해.

  도랑 안쪽으로는 높이가 1.8미터 되게 둔덕을 쌓았어. 둔덕은 울타리처럼 보여. 도랑 바깥에도 약간의 둔덕이 남아 있었지만 지금은 거의 평평해져서 알아 볼 수 없을 정도야. 도랑 안쪽으로는 기둥 구멍을 둥글게 팠지. 여기까지가 기초 공사인 셈이야.

  그 뒤에는 울타리 안에 커다란 돌기둥으로 동그라미 모양을 2개 더 만들었어. 바깥 동그라미는 돌기둥 위에 지붕돌인 들보를 얹었어. 위에서 보면 완전한 고리 모양이야. 지붕돌과 기둥돌이 만나는 곳에는 요철 모양으로 꼭 맞는 홈을 파서 움직이지 않게 만들었어. 원래는 30개의 지붕돌을 들보로 얹었는데, 지금은 16개만 남아 있어.

 안쪽 고리는 완전한 동그라미가 아니라 말발굽 모양인 U자를 이루고 있어. 둘려진 돌은 셋이 한 쌍을 이루는 삼석탑 서 있는 두 개의 돌 위에 눕혀서 돌을 올려 놓는 것 모양이야. 기둥이 되는 돌, 2개에 지붕돌 하나를 얹었지. 삼석탑 사이에는 푸른 돌기둥을 세우기도 했어.

 푸른색을 띠는 이 신기한 돌 때문에 스톤헨지가 병자들이 낫기를 빌던 곳이라는 추측까지 나왔어. 원래 삼석탑은 5개가 있었는데 지금은 3개만 남아 있어.

 스톤헨지가 이루는 동그라미의 바깥쪽에는 아주 큰 돌이 하나 서 있어. U자의 동그라미에서 열려 있는 방향과 꼭 들어맞는 쪽이지. 해가 가장 긴 여름날 해 뜨는 방향과도 같아. 그 돌은 마치 여러 개의 동그라미를 매달고 있는 줄 같아. 그래서 처음에는 스톤헨지를 '매달려 있는 돌'이란 뜻으로 썼어. 어떤 이는 스톤헨지를 '거인들의 춤'이라고 불러. 거대한 돌이 원을 그리며 춤을 추는 거인처럼 보이기도 하니까.

 고대인들의 놀라운 기술

 우리나라의 절인 해인사나 화엄사에 있는 큰 건물을 보면 기둥이 높이 솟아 무척이나 웅장해. 이들 기둥은 실제 높이보다 더 높이 보이도록 지어졌어. 기둥뿌리보다 기둥머리를 가늘게 마름했거든. 멀리 있으면 더 가늘어 보이는 원근법을 이용한 거야.

가늘게 마름한 기둥머리는 높이 솟아 있기 때문에 더욱 가늘어진 것으로 착각을 불러일으켜. 이런 기둥을 흘림기둥이라고 해. 그리스나 로마의 신전도 흘림기둥으로 마름했어.

스톤헨지를 만들었던 사람들도 이런 착시 현상을 이용한 기술을 알고 있었어. 스톤헨지에 서 있는 돌기둥도 기둥머리를 기둥뿌리보다 가늘게 깎아서 세웠어. 기둥의 실제 높이는 5.5미터지만 아래 위가 똑같은 기둥보다 높아 보여.

한편 돌기둥 위에 얹은 들보의 모양은 돌기둥과 반대로 만들었어. 옆에서 보는 돌의 면이 아래보다 위가 넓은 사다리꼴이야. 이렇게 하면 위아래로 뻗는 수직의 느낌이 더 잘 살거든.

그리스 아테네의 프로필라이온이 배흘림기둥이라면 스톤헨지는 민흘림기둥이라고 해. 배흘림기둥은 기둥뿌리와 기둥머리를 가늘게 깎은 것이고, 민흘림기둥은 기둥뿌리는 그대로 두고, 기둥머리만 가늘게 깎은 거야.

프로필라이온은 높은 곳에 있기 때문에 기둥뿌리보다 사람들 눈높이가 낮을 때가 많아. 스톤헨지는 바닥에 기둥뿌리가 있어서, 기둥뿌리보다 사람의 눈높이가 높다는 차이가 있으니, 서 있는 위치에 따라 수직으로 높아 보이도록 최대한 노력을 한 거야.

현대의 기계 문명 없이도 이 모든 것을 알아내고, 또 스톤헨지를 만들어 낸 사람들의 기술이 정말 놀라워.

독일 쾰른 대성당

 나라를 지키려면 대성당을 지어야

독일의 젖줄, 라인 강가에는 쾰른이라는 오래된 시가지가 있어. 쾰른에는 이 도시의 상징이자 독일을 대표하는 거대한 대성당이 우뚝 서 있어. 대성당을 짓기 시작해 모두 완성되기까지는 600년이 넘게 걸렸어. 그렇게 긴 세월을 이겨내고 마침내 대성당을 완성할 수 있었던 것은 유럽 기독교인들이 한마음으로 노력했기 때문이야.

쾰른 대성당은 대단히 뾰족한 쌍둥이 탑이 하늘을 찌를 듯이 서 있어. 50층의 건물과 맞먹는 높이의 쾰른 대성당은 완성 당시에 세계에서 가장 높은 성당이었어. 이렇게 높은 성당을 지을 수 있었던 것은 새로운 건축 기술인 고딕 건축을 발전시킨 덕분이었어. 고딕 건축*의 걸작으로, 유럽 가톨릭의 강한 믿음을 보여 주는 증거로 쾰른 대성당은 세계 유산이 됐어.

쾰른 대성당을 완성하기까지 건축 기술과 종교에 대한 믿음 말고도 중요한 게 한 가지 더 있었는데 그것은 바로 애국심이야. 나라가 어려울 때 독일 사람들의 마음을 한데 모으는 데 중요한 역할을 했거든.

대성당은 1248년에 사람들이 돈을 모아 짓기 시작했어. 그런데 중간에 돈이 모자라서 성당을 짓던 손을 놓게 됐어. 한 번 손을 놓자 사람들 마음도 성당 건축에서 조금씩 멀어져 갔어.

마침, 마틴 루터가 종교의 허례허식을 깨자고 외쳐서 종교 개혁이 일어났고, 기독교 신교가 태어나는 역사적인 사건까지 맞물려 사람들은 온통 그쪽에 관심을 두었던 거야.

그렇게 300여 년이 흐르자 프랑스의 나폴레옹이 판치는 세상이 됐어. 나폴레옹은 독일에 쳐들어와 독일 사람들의 자존심을 땅에 떨어뜨렸지.

힘들면 뭉친다고 하던가? 독일에 힘겨운 시기가 닥치자 사람들은 똘똘 뭉쳐 나라를 지키자는 민족 해방 전쟁까지 치렀어. 종교의 힘으로 나라를 지켜 내자는 사람들도 생겨났어. 나라를 지키려면 훌륭한 성당이 있어야 한다고도 했지. 당시 프랑스에는 세계에서 가장 멋지고, 가장 높은 성당이 있었는데, 독일 사람들은 이게 너무나 부러웠거든.

사람들은 짓다 만 쾰른 대성당을 바라보았어. 그리고 주머닛돈, 쌈짓돈을 다시 털

고딕 건축 양식

12세기에 시작된 고딕 양식은, 프랑스에 이어 유럽 전체에 퍼져 15세기까지 번성했대. 주로 성당 건축에 나타났는데, 독일의 쾰른 대성당과 함께 파리의 노트르담 대성당, 샤르트르 대성당이 대표적이다. 높고 화려한 성당에서 당시 가톨릭교회의 힘을 짐작할 수 있다. 고딕이란 말은 고트 족에서 나왔는데, 르네상스 시대의 이탈리아 사람이 고딕 양식을 보고 고트 족처럼 거칠고 야만스럽다고 한 데서 나온 것이다. 물론 고트 족과는 아무 상관이 없다.

기 시작했어. 프랑스보다 더 멋진 성당을 짓자는 거였지. 드디어 280년 만에 다시 성당을 짓기 시작해 1880년에 당시 세계 최고였던 프랑스의 아미앵 성당보다 10미터나 더 높은 성당이 세워진 거야.

쾰른 대성당은 크기만을 앞세우지는 않았어. 뼈대 구조는 프랑스 고딕 건축의 본보기인 아미앵 성당을 그대로 따라했지만, 겉모습은 당시 최고로 유행이던 프랑스 왕실의 왕궁 예배당을 본 따 지었어. 그러니까 양쪽의 장점을 합쳐 세상에서 가장 멋지고 웅장한 성당을 지은 거야.

독일의 자존심으로 우뚝 선 쾰른 대성당은 최근에 위험에 놓이기도 했어. 쾰른 시가 라인 강 건너편에 높은 빌딩을 세우려고 했거든. 유네스코에서는 아름다운 경관을 해칠까 봐 쾰른 대성당을 위험 목록에 올렸어. 쾰른 시에서는 세계 유산의 중요

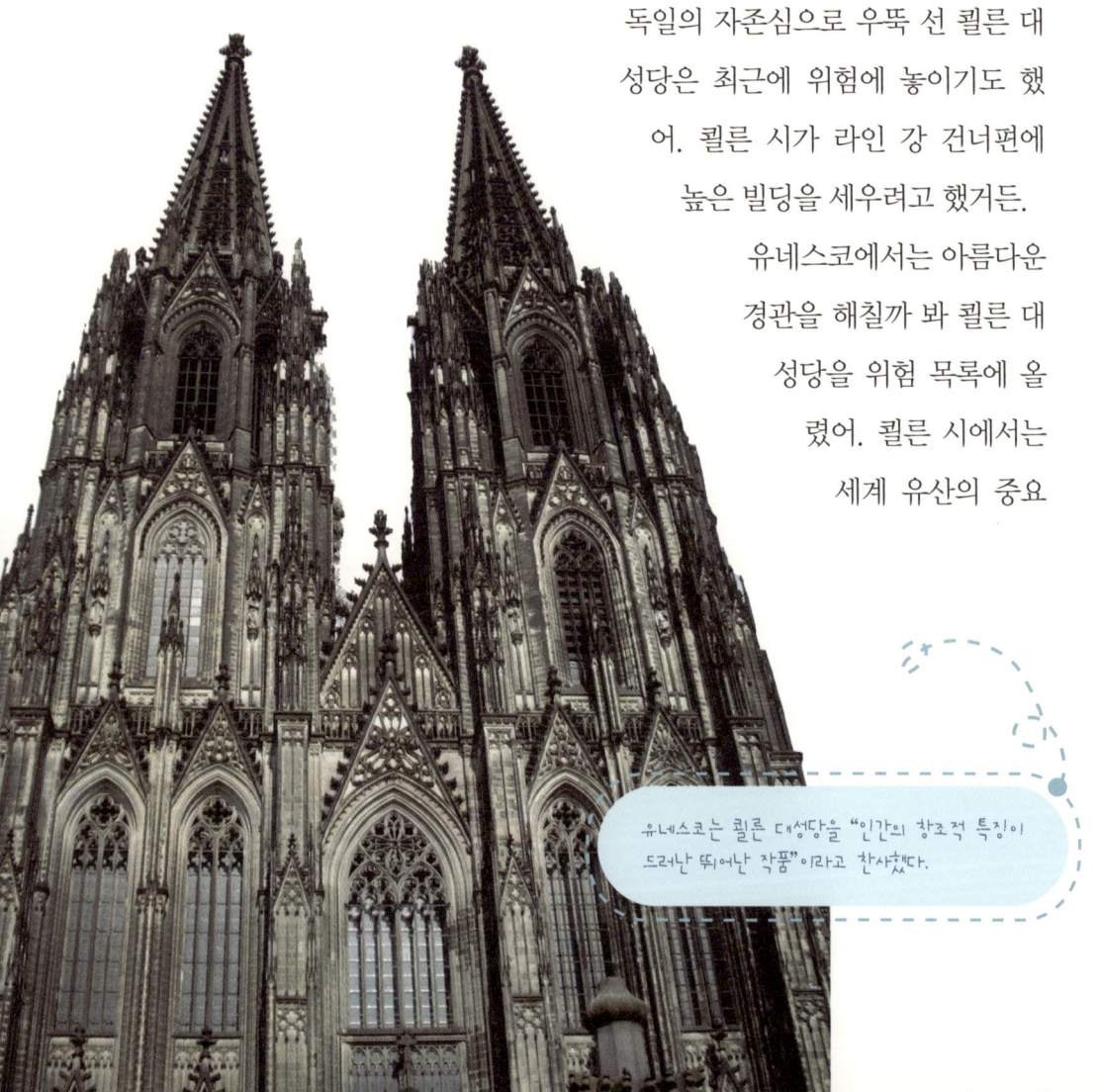

유네스코는 쾰른 대성당을 "인간의 창조적 특징이 드러난 뛰어난 작품"이라고 찬사했다.

성을 이해하고, 건물의 높이를 제한했어. 덕분에 이제는 위험 목록에서 빠지게 됐지. 그런데 매연과 산성비 때문에 성당의 겉모습이 우중충하게 변하고 있어서 안타까워.

동방 박사를 독일 최고의 성당으로

처음에 쾰른 대성당을 짓자고 한 사람은 쾰른의 대주교야. 대주교는 동방 박사의 유골을 어디에 모실까 고민 중이었어. 동방 박사는 별을 보고, 예수님이 태어날 것을 미리 알았어. 그래서 축하 인사를 하려고 동쪽에서 베들레헴으로 찾아간 사람들이야.

성스러운 동방 박사의 유골을 쾰른의 대주교가 왜 가지고 있었을까?

5세기 말에 서로마 제국이 망하자, 지금의 독일, 이탈리아, 프랑스 지역에 해당되는 서유럽 지역에서는 게르만 부족들이 서로 다투었어.

7세기에는 프랑크 족이 차지해 프랑크 왕국을 세웠지. 얼마 뒤 프랑크 왕국은 다시 나뉘어졌고, 동프랑크 왕국이 지금의 독일이 됐어. 동프랑크 왕국의 카를 왕은 로마 교황청을 극진히 떠받들었어. 나는 새도 떨어뜨릴 정도로 힘이 셌던 교황을 자기편으로 만들면 언젠가는 좋은 일이 생길 거란 계산에서였지.

로마 교황청은 그때 힘이 점점 약해지고 있었는데, 동프랑크 왕국이 굽실거리니 고마울밖에. 또한 동프랑크 왕국을 이용해 교황청의 힘을 다시

키워볼 속셈도 있었지. 그래서 교황청에 보관하고 있던 로마 황제의 관을 동프랑크 왕국에 선물로 주었어.

로마 황제의 관을 받은 동프랑크는 로마 제국의 영광을 잇는다는 자부심에, 나라의 이름마저 신성 로마 제국이라고 바꿨어. 신성 로마 제국의 황제들은 로마의 황제라는 자리에 취해서 나랏일은 뒷전이었어. 이름에 걸맞은 힘도 없으면서 말이지.

카를 황제의 후손 중에 12세기 중반에 황제가 된 프리드리히 바바로사는 신성 로마 제국이라는 이름에 걸맞게 제국의 힘을 찾고 싶었어. 그래서 영토를 넓히려고 갖은 노력을 했지.

한 번은 이탈리아 밀라노에 쳐들어갔는데 고맙게도 쾰른의 대주교가 도와주었어. 황제는 그 고마움에 대한 답례로 신성 로마 제국이 보관하고 있던 동방 박사의 유골을 대주교에게 주었던 거야.

대주교는 성스러운 유골을 모시려면 훌륭한 성당이 있어야 한다고 생각했어. 쾰른에는 쾰른 최초의 교회인 카롤링거

대성당이 있었지만 성스러운 유골을 모시기에 너무 초라했지. 때마침 카롤링거 대성당에 불이 났어. 대주교는 훌륭한 성당을 짓기에 좋은 때라고 생각했어.

쾰른의 대주교는 쾰른의 시민들에게 호소했어. 사람들은 대주교의 말에 고개를 끄덕이며 성금을 모으기로 했어.

드디어 긴 공사가 시작됐고, 첫 삽을 뜬 지 650년 뒤 멋진 성당이 완성됐어. 대주교는 성당이 완성되기 훨씬 전에 세상을 떠났지만 대주교의 바람대로 동방 박사의 유골은 황금함에 담아 세계 최고의 성당에 귀하게 모셔졌지. 그 덕분인지 쾰른 대성당에는 지금도 수많은 관광객이 모여들고 있어.

하늘에 더 가까이, 고딕 양식

그동안 유럽의 건축은 그리스 로마의 양식을 따르거나 비잔티움을 본 뜬 비잔틴 양식이었어. 비잔티움은 눈먼 자들의 땅을 찾아냈던 비자스의 이름에서 따왔다는 거 기억나? 그러니까 비잔틴 양식은 아시아의 이슬람 양식의 영향을 받은 거지.

로마 제국이 망한 뒤에도 유럽에는 로마의 스타일을 닮은 로마네스크 양식이 이어지다가 12세기 즈음에 새로운 고딕 양식이 나타났어.

그리스 로마의 양식을 지중해 양식이라고 하고, 비잔틴 양식을 동방의 양식이라고 한다면 고딕 양식은 유럽 대륙에서 싹을 틔우고 뿌리를 내린 최초의 유럽 양식이야.

고딕 양식의 건물은 하늘 높이 솟은 뾰족탑과 수없이 반복되는 수직선 때문에 마치 하늘에 닿을 것만 같아. 글자체 중에서도 고딕체는 아기자기한 맛이 없고, 수직선이 강해서 경건한 느낌이 들잖아.

당시 사람들은 신이 있다고 믿어서 하늘에 조금이라도 가까이 다가가려고 했어. 그러나 건물을 너무 높이 세우면 아래의 벽돌에 엄청난 힘이 실려서 건물이 무너져 버리게 돼. 건축가들은 고민 끝에 그 힘을 흩뜨리는 건축 방식을 찾아냈던 거야. 그게 바로 고딕 양식인 거지.

이런 문제를 풀어내자 교회는 하늘 높은 줄 모르고 올라갔어. 고딕 양식의 특징인 위로 쭉쭉 뻗은 세로 선 때문에 경건한 느낌이 들고, 지붕 꼭대기가 마치 하늘에 닿은 것처럼 보여. 쾰른 대성당은 이러한 고딕 양식의 걸작으로 이름이 높아.

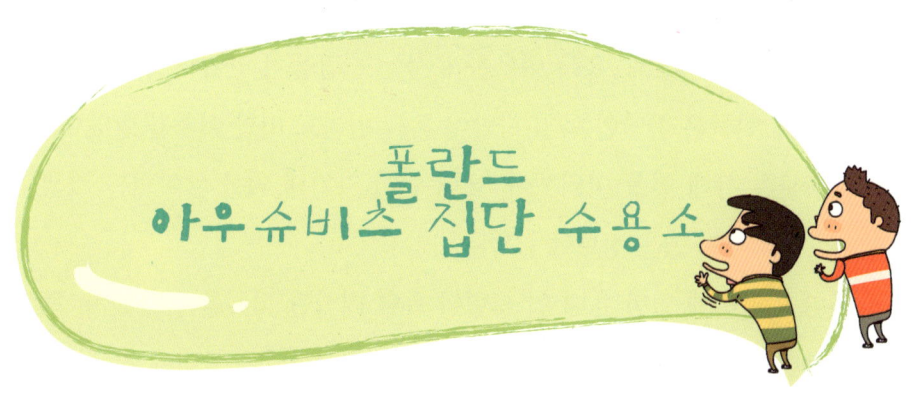

폴란드 아우슈비츠 집단 수용소

 끔찍한 역사의 시작, 수정의 밤

폴란드에는 오시비엥침이라는 도시가 있어. 제2차 세계 대전 때, 독일의 아돌프 히틀러가 400만 명의 사람을 강제로 끌어다가 가두어 놓고 함부로 죽였던 곳이야. 오시비엥침을 독일어로 아우슈비츠라고 말해.

인간이 인간에게 저지른 가장 잔인한 역사의 산 현장인 아우슈비츠는 우리가 보존해야 하는 세계 유산이야. 다시는 그런 끔찍한 일이 일어나면 안 되니까, 후손들이 그걸 보고 되풀이하지 않도록 마음에 새기라는 거지.

대체 어떻게 이런 끔찍한 일이 일어나게 된 걸까?

1918년 제1차 세계 대전에서 항복한 독일은, 전쟁의 책임을 지고, 전쟁의 피해를 준 연합국에 보상해야 했어. 보상금이 지나치게 많아 1920년대 독일 사람들은 먹고 사는 게 정말 힘겨웠어. 경제는 곤두박질치고 물가는 하늘 높은 줄 모르고 뛰어 올랐지.

모두가 힘들어할 때, 유독 여유롭게 사는 사람들이 있었어. 유대 인들이었지. 유대 인들은 가난한 독일 사람이 돈을 빌려도 비싼 이자를 받았어. 독일 사람들은 유대 인을 미워했어. 유대 인이 자기네 피를 빨아먹는 기생충 같다는 생각까지 했을 정도야.

때마침 파리에 있던 유대 인 청년이 독일 대사관 직원을 암살했어. 독일에서 유대 인을 차별하는 데 화가 났던 거야. 이 사건은 불만에 찬 독일 사람들을 자극했어.

독일 사람들은 거리로 뛰쳐나왔어. 한껏 부푼 풍선이 펑 하고 터진 것 같았지. 독일 사람들은 유대 인 상점을 부수기 시작했어.

근처에는 경찰이 있었어. 보통 경찰이라면 부수는 사람들을 막았겠지. 그러나 독일 경찰은 부수는 사람들을 오히려 부추겼어. 심지어 유대 인 상점과 집을 태우고 유대 인을 체포하라고까지 명령을 내렸지. 부자일수록 먼저 체포하라고까지 했어.

이 일은 1938년 11월 9일 밤에 일어났어. 밤사이 유대 인 수만 명이 체포됐고, 상점과 집 천여 채가 부서졌어. 다음 날 새벽, 거리에는 깨진 유리 조각들이 가득했어. 어디에나 유리 조각이 쌓여 수정처럼 반짝였어. 그래서 사람들은 이 밤을 '수정의 밤'이라고 불러.

그 뒤 나치는 유대 인을 샅샅이 잡아들였고, 지식인과 신문, 방송은 나치의 잘못을 알면서도 꾸짖지 않았어. 독일 인구 백 명 중 한 명도 안 되는 적은 수의 유대 인이 독일 돈을 4분의 1이나 쥐고 있는 게 은근히 미웠으니까. 인간 최대의 잔인한 역사는 이렇게 시작된 거야.

살인 공장을 만든 히틀러

웅변 솜씨가 뛰어났던 히틀러가 연설을 했다 하면 사람들이 구름처럼 몰렸어. 히틀러는 대중을 휘어잡고 나치 당은 금세 히틀러의 손아귀에 들어갔지.

나치 당은 1919년에 자물쇠를 만들던 노동자가 처음으로 만든 정당이야. 독일 노동자 당으로 시작해서 나중에는 '국가 사회주의 독일 노동자 당'이 됐지. 이 긴 이름의 독일어 첫 글자를 따서 나치라고 해. 일터를 잃는 사람이 많아질수록 노동자 당은 힘이 세졌어. 마침내 나치 당의 히틀러는 독일의 총통이 됐지.

히틀러는 독일 사람들의 분풀이 대상으로 유대 인을 짚었어. 1930년대까지 이어진 경제의 어려움을 모두 유대 인 탓으로 돌렸지. 직장을 잃은 사람, 배고픈 사람들은 이

> 아우슈비츠 제수용소는 1940년 하인리시 히믈러가 만들었다. 폴란드와 독일에서 정치적으로 반대쪽에 서 있는 사람들을 가뒀다.

말에 귀를 기울였어.

히틀러가 정권을 잡았을 때는 이미 다음 전쟁을 결심했어. 제1차 세계 대전에서 졌다는 사실에 자존심이 상했고, 전쟁 뒤의 조약에도 화가 났거든.

조약은 전쟁 뒤에 이긴 나라와 진 나라가 앞으로 어찌어찌하자고 하는 약속이야. 그러나 사실은 진 나라는 말할 권리도 주지 않고, 이긴 나라는 진 나라한테 이러저러한 걸 물어내라고 강제로 정해.

회의는 프랑스의 베르사유 궁전, 거울의 방에서 열렸어. 독일은 이긴 나라들이 정한 결정을 종이 한 장으로 받았어. 그 종이에서 독일은 영토가 10분의 1로 줄었고, 물어내야 할 돈은 너무나 많았지. 이게 바로 베르사유 조약이야.

독일 국민들은 베르사유 조약에 심한 굴욕감을 느꼈어. 이런 배경 때문에 히틀러의 웅변이 먹혔던 거야.

히틀러는 조약을 무시하고, 군대를 키워 1936년 오스트리아를 차지했어. 1939년에는 폴란드에 쳐들어갔지. 혼자 날뛰는 독일을 그냥 두고 볼 수 없다고 영국과 프랑스도 전쟁판에 뛰어들었어. 이른바 제2차 세계 대전이 일어난 거야.

폴란드에 쳐들어간 히틀러는 아우슈비츠를 손안에 넣었어. 아우슈비츠는 교통의 중심지였지. 유럽에 뻗어 있는 기찻길이 거미줄이라면 아우슈비츠는 거미줄의 가운데나 마찬가지였으니까. 나치는 유럽의 수십 지역에 있는 유대 인을 손쉽게 모아 가두고 일을 시키거나 죽이기 위해 이 지역을 골랐어. 그리고 1941년, 아우슈비츠에 살인 공장을 만들었던 거야.

 ## 인간 최대의 잔인함

나치는 독일군이 점령하는 유럽의 각 지역에서 유대 인을 아우슈비츠로 끌고 갔어. 유대 인뿐만 아니라, 인종을 청소한다며 집시, 공산주의자, 나치에 반대하는 사람들을 모두 끌고 갔지.

수용소의 사람들 중에서 당장 일을 할 수 있는 사람을 가려낸 뒤 어린이, 노인, 몸이 약한 사람들은 샤워실로 데려갔어. 사실은 거짓 샤워실로 꾸민 가스실이었지. 가스실은 많은 사람을 한꺼번에 죽이는 방이었어.

나치는 사람을 총으로 쏘는 것이 대단히 성가시고 돈이 많이 드는 일이라고 생각했어. 또, 총 쏘는 사람들의 신경을 너무나 혹사시킨다는 거야. 그래서 만든 게 독가스 살균제로 만든 가스실이야. 독가스 한 통으로 600명을 죽였다고 해.

끌려간 사람 중에서 일을 할 만한 사람은 격리실에 따로 갇혔어. 그들은 굶은 채로 온갖 학대를 겪어야 했어. 머리를 다 깎이기도 하고, 옷을 벗기기도 했지. 이런 괴로움을 견딘 사람들은 강제 노동에 내몰렸어. 힘든 일을 하느라 마지막 기운까지 다 썼다 싶으면 가스실로 끌고 갔지.

수용소에는 상상도 못할 끔찍한 방도 있어. 방의 크기가 가로세로 50센티미터밖에 안 될 정도로 좁아서, 앉을 수도 없고 서 있어야만 했어. 방이라고 할 수 없는 이 좁은 공간에는 어린아이 손바닥보다도 더 작은 크기의 창문이 있어. 여기에 사람을 가두면, 갇힌 사람은 옴짝달싹 못하고, 굶주림과 공기 부족에 시달리다가 선 채로 고통스럽게 죽어 갔어. 시체를 끌어내기 어려울 정도로 공간이 좁아서 풀을 긁어모을 때 쓰는 쇠스랑을 썼다고 해.

수용소 대문에는 '일을 하면 자유로워진다 ARBEIT MACHT FREI'는 글귀가 쓰여 있어. 실제로는 자유가 아니라 가스실이 기다리고 있었지만 말이야. 수용소에 갇힌 사람들은 이 터무니없는 문구를 적어야 했어. 그들은 첫 단어 ARBEIT에서 'B'를 위아래 바꾸어 'Ƃ'로 썼어. 자신들에게 명령하고 사람들을 죽이는 자들에게 반항할 수 있었던 유일한 일이었지.

1945년, 나치는 형편이 나빠지자 수용소에서 했던 못된 짓을 감추려고

수용소를 폭파하려 했어. 그러나 일을 다 마치기 전에 당시 연합국이었던 소비에트군이 아우슈비츠에 도착해 일부가 남게 됐어.

폴란드 정부는 아우슈비츠를 박물관으로 만들었어. 많은 사람이 보고 잊지 않아야 한다는 믿음 때문이지. 아우슈비츠 박물관에는 고통을 받은 사람들의 후손뿐만 아니라, 고통을 준 사람들의 후손까지도 다녀가.

독일인들은 전쟁이 끝나고 20년 동안은 아우슈비츠를 보존하는 데 마음을 쓰지 않았어. 그러나 이제 많은 독일 사람이 수용소 보존을 위해 기꺼이 나서고 있어.

독일의 역사학자 크리스티안 마이어가 한 말을 들어 봐.

"우리는 아버지들의 죄를 짊어지고 있으며, 우리는 역사를 뼛속에 지니

고 있다. 역사는 우리 핏속에 있다."

우리나라와 중국의 난징을 짓밟은 일본이 진심어린 사과를 하지 않는 것과 참 비교되는 일이야. 일본인들이 우리나라 사람을 끔찍하게 고문했던 서대문 형무소도 독일의 아우슈비츠처럼 보존해야 하는 건 아닌지 한 번 생각해 볼 일이야.

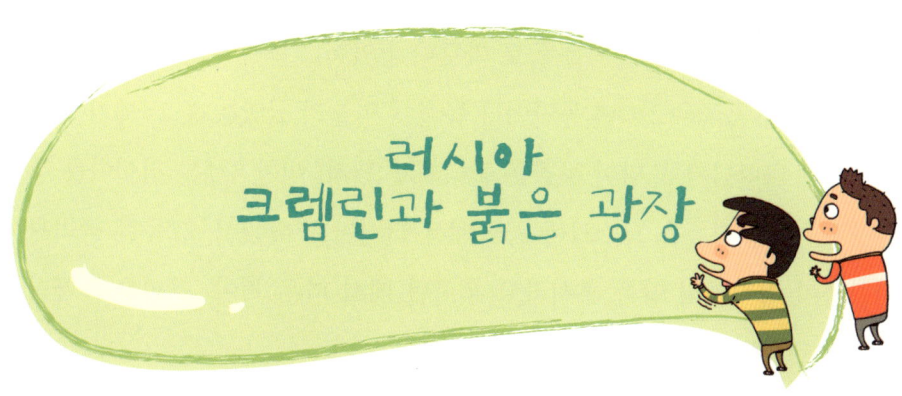

러시아 크렘린과 붉은 광장

 나라를 지키는 성벽

크렘린Kremlin은 성벽이란 뜻이야. 러시아 말로는 크레믈리라고 해. 러시아에는 크렘린이 여럿 있어. K를 대문자로 쓰면 모스크바 크렘린을 말해. 모스크바는 12세기 중엽이 돼서야 러시아 연대기에 처음으로 등장했어. 유리 도르고르키 공이 모스크바 강 언덕 높은 곳에 성벽을 쌓아 요새를 지은 것이 크렘린의 시작이야.

이웃 나라의 침입을 막으려고 진흙과 나무로 세운 크렘린은, 13세기 몽골이 쳐들어왔을 때 망가졌어. 당시 몽골은 힘이 세져서 중국과 중앙아시아를 차지했는데, 더 많은 땅을 차지하려고 유럽으로 나가는 중이었지. 그 길목에서 크렘린을 망가뜨리고 모스크바를 불태웠던 거야.

모스크바는 몽골에 조공을 바치면서 대공의 칭호를 얻었어. 그래서 모스크바 대공국이 됐어. 14세기에 모스크바 대공국은 리투아니아의 침입군을 물리치려고 크렘린 성벽을 돌로 바꾸어 쌓았어.

　모스크바 공국은 240년 동안이나 몽골에 억눌려 살았는데, 15세기에 이반 3세가 나타나자 드디어 몽골을 물리치게 됐지. 이반 3세는 러시아를 통일하고, 나라 이름을 모스크바 공국에서 러시아로 바꿨어. 그동안 슬라브 사람들이 자기들의 땅을 루시라고 부르던 데서 따온 거야. 자신은 황제라는 뜻으로 '차르'라고 부르도록 했어.

　차르가 된 이반 3세는 나라 힘을 키우려고 나라를 지키는 성벽 안에 크렘린 궁전을 새로 지을 계획을 세웠어. 이 소식을 듣고 이탈리아 건축가들이 솜씨 자랑을 하려고 몰려왔지. 러시아의 건축가들과 외국의 건축가들은 솜씨를 뽐내며 멋진 궁전을 지었어.

　당시에 러시아와 서유럽에 살았던 뛰어난 건축가들이 모여서 지은 아름다운 궁전은 러시아 황제가 사는 곳이므로 러시아 사람들은 크렘린을 중심으로 살게 됐지. 이처럼 크렘린은 러시아의 역사와 중요한 사건들과 함께했어. 지금은 성벽은 다 허물고 궁전만 남아서 크렘린이라 하면 누구나 러시아의 아름다운 궁전을 떠올려.

크렘린은 성벽이란 뜻으로 12세기 강 언덕 높은 곳에 성벽을 쌓아 요새를 지은 것이 시작이다. 러시아 황제들이 살았던 곳으로 크렘린을 중심으로 사람들이 모여 살았다. 지금은 성벽은 허물고 궁전만 남아 있다.

러시아의 상징, 아름다운 크렘린

크렘린 성벽은 오각형 모양으로 둘러져 있어. 어림해 보면 삼각형처럼 보이는데 정확히 말하면 삼각형의 꼭짓점 두 곳을 조금씩 잘라낸 모양의 오각형이야.

크렘린의 성벽은 전체 길이가 2킬로미터가 넘어. 높이가 가장 높은 곳은 20여 미터나 되고, 두께가 가장 두꺼운 데는 6미터에 이르러. 20개 정도의 성문이 있고 성벽 안쪽에는 수백 년 동안 탑과 사원을 지었어. 가장 높은 탑은 80미터나 돼서, 요즘 건물로 치면 30여 층이나 되는 높이야. 성벽 안쪽에는 사원을 만들고 탑을 쌓았어.

크렘린 바깥쪽으로는 둥글게 담을 돌렸어. 담은 두껍고 높게 세 겹이나 쌓았지. 중심이 같으며 반지름은 다른 동그라미 벽을 3개 만든 거야. 어떤 방향에서도 쳐들어오지 못하게 한 철저한 방어벽이었어.

그 뒤에도 크렘린 성벽 안쪽에는 궁전, 성당이 계속 세워졌어. 모스크바에서 가장 높은 탑이 올라갔고, 세계에서 가장 큰 종과 높은 종루도 생겨났지. 양파 모양을 한 금빛 지붕은 햇빛에 찬란히 빛났어. 이때가 17세기였는데, 그야말로 크렘린의 황금시대였지.

18세기에 황제가 된 표트르는 러시아의 수도를 상트페테르부르크로 옮겼어. 황제가 떠난 궁은 보통 썰렁해지게 마련인데, 크렘린은 여전히 러시아의 중심지였어. 차르의 대관식이나 결혼식 같은 중요한 일을 모두 크렘린에서 했기 때문이야.

크렘린 남서쪽에는 대대로 황제들이 가족과 함께 살던 크렘린 궁전이 있어. 황제는 4층에서 살았는데, 중간에 불에 타서 19세기 중반에 다시 지었어.

이 궁전에 황제의 의자가 있는 방에는 창문 밖으로 옷감이 길게 매달려 있었다고 해. 옷감 끝에는 상자가 매달려 있었는데, 누구라도 황제에게 하고 싶은 말을 편지로 써서 담으라는 거지. 이런 이야기 때문에 크렘린이 더욱 멋있어 보여.

성벽 바깥쪽으로 돌린 세 겹의 담은 지금은 도로가 됐어. 도심을 빙 둘러쌌던 성벽의 모양대로 동그라미 모양이야. 모스크바를 위에서 내려다보면 마치 활을 쏘는 과녁과도 같은 모양이지. 그래서 모스크바를 과녁 도시라고도 해.

 붉은 광장에 붉은 색이 없다

붉은 광장은 크렘린 성벽의 북동쪽에 붙어 있는 광장이야. 모스크바의 한가운데 7만 3천 제곱미터에 이르는 광장으로 러시아와 소련의 중심 공간이지. 붉은 광장에 가서 붉은 색이 없다고 투덜거리는 사람이 있어. 그건 붉은 광장이 무언지를 잘 모르고 하는 소리야. 러시아 옛말에서 붉다는 것은 아름답다는 뜻이거든.

붉은 광장 북쪽 끝에는 19세기에 세운 국립 역사박물관이 있고, 남쪽 끝에는 16세기에 만든 8개 탑이 있는 성바실리 성당이 있어. 동쪽에는 국영백화점이 있으며, 서쪽에는 1930년 완공된 레닌의 묘가 있어. 이 모든 것 중에서 가장 눈에 띄는 것은 남쪽에 있는 성바실리 성당이야.
　아름다운 양파머리 지붕을 한 이 성당은 마치 동화 속에 나오는 궁전 같아. 양파머리 지붕은 9개인데 크기가 모두 다르고, 선명한 색이 대비돼 산뜻하고 강한 인상을 줘. 대칭 모양이 아니어서 얼핏 보면 균형이 맞지 않는 것 같아. 그러나 규격에서 벗어난 자유로운 조화가 더욱 많은 사람의 마음을 끌어당기지.
　성바실리 성당은 이반 3세가 몽골을 이긴 기념으로 짓도록 한 거야. 러시아 사람들의 존경을 한 몸에 받은 성바실리를 이름으로 따왔어. 건물을 다 짓자 너무 아름다워서 숨도 못 쉴 지경이었대.
　이반 3세는 이 사원을 지은 두 명의 건축가를 불렀어. 그리고 상을 주었

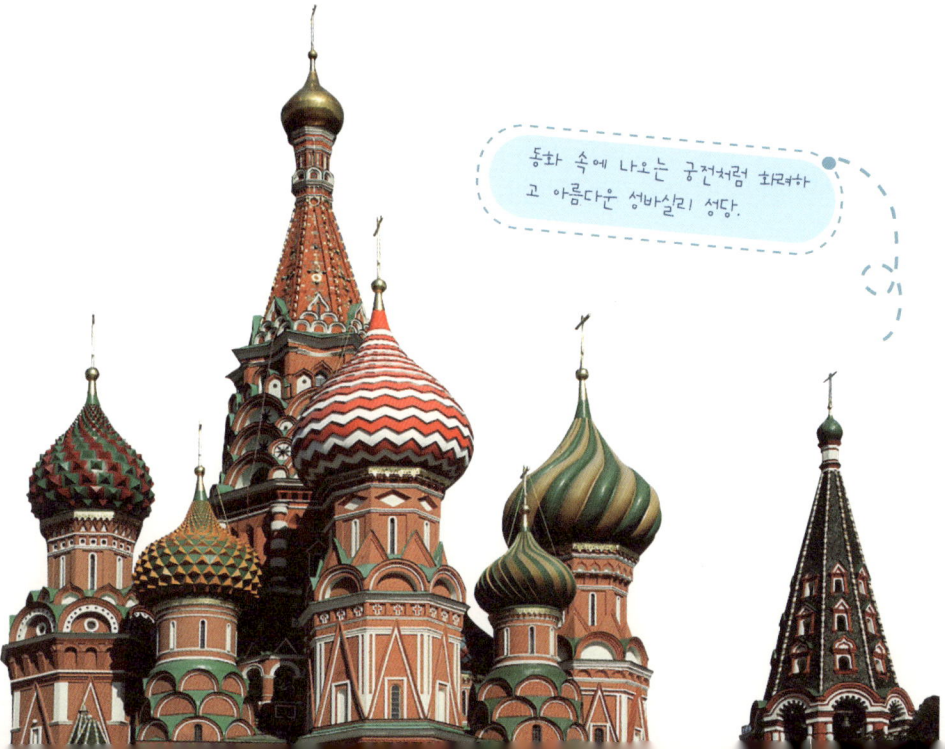

동화 속에 나오는 궁전처럼 화려하고 아름다운 성바실리 성당.

음 직하지? 천만에. 상은커녕 건축가의 눈을 뽑아 버렸대. 그렇게 아름다운 건물을 다른 곳에 짓지 못하게 하고, 자기만 즐기려는 욕심 때문이었다나.

15세기까지 이 광장은 수많은 장사꾼이 모여들어 장사를 하던 곳이었어. 장사꾼들은 물건을 길바닥에 놓고 팔았기 때문에 광장은 지저분하고 복잡하기 짝이 없었지. 17세기 들어서 크렘린의 황금시대에 광장은 말끔하게 정리되고 아름답게 꾸며졌어. 그때부터 크렘린 북동쪽의 광장에는 붉은 광장이라는 이름이 붙었던 거야.

붉은 광장에 진짜로 붉은 색의 물결이 휘날리던 때도 있었어. 러시아 혁명을 기념하는 날, 러시아 사람들은 붉은 색으로 붉은 광장을 가득 메웠지. 붉은 깃발과 붉은 현수막이 너울거려 붉은 광장은 붉은색 물결로 가득했어.

붉은 색은 사람들의 마음을 들뜨게 해. 노동자, 농민, 군인이 일으킨 러시아 혁명을 사람들은 들뜬 마음으로 즐겼을 거야. 그러나 사회주의 경제가 실패로 끝나자 붉은 색은 단지 꼬드김처럼 보였어. 드디어 1991년, 러시아가 시장 경제를 받아들이면서 사회주의를 선전하던 붉은 깃발은 이제 모두 사라졌어.

러시아는 붉은 광장이라는 이름을 아름다운 광장으로 바꿨어. 그러나 바뀐 말에도 여전히 붉다는 뜻이 들어 있다고 해.

3 아메리카

유럽과 아시아, 아프리카가 서로 붙어 있는 것과 달리 아메리카 대륙은 태평양과 대서양을 사이에 두고 떨어져 있어. 그래서 유럽 사람들이 드나들기 전까지 아메리카는 다른 대륙과 오고 감이 없이 마야 문명, 아즈텍 문명, 잉카 문명을 일으키고 살고 있었어.

유럽 사람들은 아메리카 대륙을 신대륙이라고 불렀어. 지금까지 자기네들에게 알려지지 않았던 땅이라는 거지. 유럽은 새로운 땅을 발견한 거지만, 계속 아메리카에 살고 있던 사람들은 어느 날 갑자기 총, 칼을 든 침입자들이 쳐들어온 거야. 그러니까 사실 신대륙이란 말은 적절한 표현이 아닌 거지. 이런 역사 때문에 아메리카 대륙에는 원래 살고 있던 사람들의 문화유산과 새로이 들어와 살게 된 사람들의 문화유산이 함께 있어.

유럽에서 미국으로 가자면 배가 뉴욕 항구에 들어서기도 전에 자유를 상징하며 우뚝 서 있는 자유의 여신상을 만나게 돼. 새로 들어와 살게 된 사람들이 이룬 문화유산이야.

이와는 대조적으로 산속에 꽁꽁 숨겨진 문화유산이 있어. 예전부터 살고 있던 사람들이 이룬 잉카 문명의 흔적으로, 중앙아메리카 안데스 산맥의 높은 산꼭대기에 있는 마추픽추라는 고원 도시야. 원주민들이 총칼을 든 유럽 사람들을 피해 산꼭대기로 올라갔거든.

자유라는 이름으로 도시의 입구에 우뚝 서 있는 자유의 여신상과, 침입자를 피해 고원에서 일군 아메리카 원주민의 도시 유산, 마추픽추를 서로 비교해 봐.

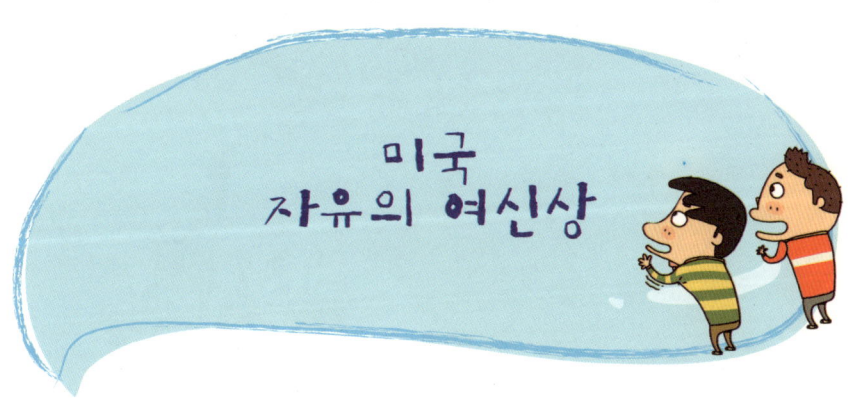

미국 자유의 여신상

 선물에 담긴 뜻

　미국 독립 백 년을 기념해서 프랑스는 미국에게 자유의 여신상을 선물했어. 자유의 여신상은 미국에 들어가는 관문에 우뚝 세워졌고, 수많은 사람에게 자유와 희망의 상징이 됐지. 이런 자유의 여신상이 태어나게 된 데는 프랑스의 한 정치가의 힘이 컸어.
　미국이 영국과 독립 전쟁을 벌이던 때였어. 독립 전쟁 당시, 프랑스는 미국에 돈과 무기를 대줬어. 영국이 이긴다면 아메리카 대륙에서 영국이 목청껏 소리를 높일 테니, 그걸 막으려던 거지. 미국은 그 덕분에 전쟁에서 이기고 영국으로부터 독립을 했어.
　그 뒤로 백여 년이 흘렀어. 프랑스에서는 나폴레옹 3세가 공화정을 무너뜨리고 독재의 칼을 휘두르고 있었지. 프랑스에서는 혁명으로 어렵게 얻은 공화정이 나폴레옹 때문에 무너지자, 생각이 있는 사람들은 근심이 가득했어. 한 사람이 나라를 쥐락펴락하는 것은 역사가 뒷걸음질을 치는 거잖아.

프랑스의 역사가, 라부라이에는 미국이 부럽기만 했지. 독립을 이룬 미국은 헌법을 만들어 꿈에나 그릴 법한 민주 공화제를 만든 데다, 남북 전쟁에서 북군이 이겨 노예 해방을 하기에 이르렀거든. 미국은 세계에서 유일하게 시민의 자유를 보장하는 나라가 된 거야.

라부라이에는 정치판에서 이름이 난 터라 친구가 많았어. 그래서 자신처럼 자유와 인권을 중요하게 생각하는 사람들을 초대해 미국의 자유를 축하하는 파티를 열었지. 그때 갑자기 좋은 생각이 떠올랐어.

"우리, 이럴 게 아니라 미국에 선물을 하면 어떨까요? 미국이 독립한 지 백 년이 돼가니 독립 백주년 기념 선물을 하면 좋지 않겠어요?"

라부라이에의 제안에 함께 있던 사람들은 모두 찬성을 했어. 그렇다고 바로 선물을 준비하자니 눈치 보이는 사람이 하나 있었어.

"우리가 미국에 축하 선물을 하겠다고 나서면 나폴레옹 3세가 달가워하지 않을 거요. 선물하기 좋은 때를 기다려 봅시다."

모인 사람들은 아쉬움에 입맛만 다셨어. 몇 년이 지나 나폴레옹 3세가 물러가고 프랑스에도 다시 공화정이 들어섰어. 사람들은 이제 편히 선물 이야기를 하게 됐어.

선물은 동상으로 의견이 모아졌어. 동상에 자유, 평등,

박애를 잘 담아 보자고 했지. 자유, 평등, 박애는 곧 프랑스 혁명을 말하거든. 이게 바로 자유의 여신상이 태어난 뜻이야. 프랑스의 혁명 정신을 되새기며 프랑스에도 미국처럼 자유로운 바람이 불기를 바랐던 거야.

 **자유의 여신, 태어나다**

라부라이에가 미국에 선물을 하자고 했을 때, 그 자리에는 조각가 바르톨디가 있었어. 바르톨디는 자유와 인권이 얼마나 소중한지 아는 사람이었어. 바르톨디의 고향이 알자스 지방 근처였는데, 어렸을 때 독일이 알자스 지방을 지배하는 것을 보고 자랐거든. 동상 얘기가 나오자 바르톨디는 귀가 번쩍 뜨였어. 역사적으로 길이 남을 동상을 바로 자기 손으로 만들고 싶었던 거야.

라부라이에가 바르톨디의 마음을 읽었나 봐. 바르톨디에게 동상을 만드는 모든 일을 맡긴 거야. 동상을 만드는 데 드는 돈은 이미 마련이 돼 있었어. 프랑스와 미국이 협회를 만들고, 복권을 만들어 팔아 40만 달러라는 많은 돈을 순식간에 모았지. 바르톨디는 동상 일을 맡으면서 말했어.

"저는 미국의 자유와 공화주의 정신을 높이 삽니다. 언젠가 프랑스 땅에서도 그런 정신이 가득 퍼지길 고대합니다."

이건 바로 라부라이에가 선물을 계획하면서 속으로 한 생각과 정확히 같은 거였어. 그러니까 바르톨디는 라부라이에의 생각을 실현할 수 있는 꼭 맞는 사람이었던 거야.

라부라이에는 바르톨디에게 미국에 가 볼 것을 권했어. 작품이 세워질 곳을 직접 봐야 좋은 선물을 만들어낼 수 있을 테니까. 바르톨디는 배를 타고 대서양을 건넜어.

미국으로 가는 뱃길은 말도 못하게 고생스러웠어. 어찌나 고생스럽던지 미국의 문, 뉴욕 항구가 보일 때는 반가워서 눈물이 쏟아질 것만 같았지. 미국에 이민을 가는 사람들의 마음도 자신과 같을 거라고 바르톨디는 생각했어. 뉴욕 항구는 완전히 새로운 세상으로 들어가는 문이었던 거야.

바르톨디는 미국 땅이 어마어마하게 큰 것을 보고 놀랐어. 땅만 큰 게 아니고 모든 게 컸지. 뉴욕에 있는 빌딩은 높았고, 서해안에 있는 삼나무는 하늘에 닿을 듯이 컸어. 서쪽에 길게 뻗은 로키 산맥은 상상도 못하던 크기였어. 심지어 완두콩조차 크기가 달라보였대. 바르톨디는 자신이 만들 조각상도 거대해야 한다는 생각을 하게 됐어.

바르톨디는 미국에 도착하기 전, 배 안에서 조각상을 스케치해 두었어. 그리고 만나는 미국 사람들에게 스케치를 보여 줬지. 그런데 미국 사람들 반응이 시큰둥했어. 그도 그럴 것이 바르톨디가 스케치한 것은 손과 발이 묶인 채 쇠사슬을 풀어헤치는 흑인 여성이었거든. 바르톨디는 자유를 표현해 냈지만 미국 사람들은 마음 한 구석이 찔렸는지도 몰라. 총칼을 앞세워 아메리카 원주민을 짓밟았고, 흑인 노예를 마구 부렸으니까.

바르톨디는 프랑스로 돌아와 흑인 대신 자신의 어머니를 모델로 정하고 쇠사슬도 없앴지. 바르톨디의 어머니는 모성애가 강하고, 자유에 대한 의

지도 센 분이었어. 그런데 한 팔을 들어 올린 자세는 쉬운 게 아니었어. 바르톨디는 팔을 위한 모델을 따로 구해야 했지. 새로운 팔 모델은 나중에 바르톨디의 아내가 됐다고 해.

바르톨디는 10년 동안 열심히 여신상을 만들었어. 우선 46미터 높이의 실제 크기와 똑같이 나무를 깎았지. 깎은 나무를 수백여 부위로 나눈 다음, 그 위에 대고 두꺼운 동판을 두들겼어. 동판을 떼어 내 서로 붙이면 여신상이 완성되게끔 말이야.

20명의 전문가와 함께 밤일까지 마다않고 노력한 덕에 드디어 1884년 7월 4일, 미국의 독립기념일에 정확히 맞추어 자유의 여신이 태어났어.

🌳 미국에 우뚝 선 자유의 상징

거대한 여신상은 350조각이나 됐어. 이걸 모두 나무 상자에 담으니 200여 개가 됐지. 여신을 담은 나무 상자는 기차를 타고, 또 군함을 타고, 대서양을 건넜어.

마침내 미국에 도착해 뉴욕 항구가 바라보이는 뉴저지의 베들로 섬에 내려졌지. 그런데 선물을 받은 사람들의 표정이 어쩐지 즐거워 보이지 않았어. 실용적인 것을 좋아하는 미국사람들한테 거인처럼 큰 동상이 부담스러웠던 거야.

여신상이 워낙 크다 보니 동상을 세우기 위해 받침대 만드는 일도 만만치 않았어. 받침대 건축을 위해 미국에서는 또 돈을 모아야 했어. 그런데 도무지 돈이 걷히지 않는 거야. 일 년이 지나도 제자리걸음이었지.

그러자 언론인 퓰리처가 나섰어. 훌륭한 언론인에게 주는 상을 만든 바로 그 퓰리처 말이야. 퓰리처는 헝가리에서 이민해 신문사 사장이 된 사람이었어. 퓰리처는 신문에 이런 글을 냈어.

"받침대를 세우지 못해 동상이 프랑스로 돌아간다면 그건 너무나 부끄러운 일입니다."

이 한마디가 사람들의 마음을 움직였어. 5개월 만에 필요한 돈이 모였지. 미국의 건축가 헌트는 별 모양의 성벽 안에 받침대를 만들었어. 받침대를 얼마나 높게 만들었던지 여신상의 키보다도 더 높아서 엘리베이터까지 만들어야 했어.

    받침대 위로 여신상을 세우려면 안쪽에 뼈대가 필요했어. 그 일은 건축가, 에펠이 맡았지. 나중에 파리에 에펠탑을 만든 에펠 말이야. 에펠은 여신의 머리까지 올라갈 수 있도록 동상 안쪽에 달팽이 모양의 계단도 만들어 넣었어.

    마침내 모든 게 완성되자, 우뚝 솟은 여신상은 정말로 자유를 안겨줄 것 같았어. 대서양을 건너 뉴욕 항구로 들어가는 이민자들은 여신상을 보면서 아메리칸 드림을 꿈꿨지. 처음에는 별 환영을 못 받았지만 이제 여신상은 미국의 명물이 됐어. 뉴욕의 상징뿐 아니라 미국의 상징이 됐으며, 세계인의 유산이 됐지.

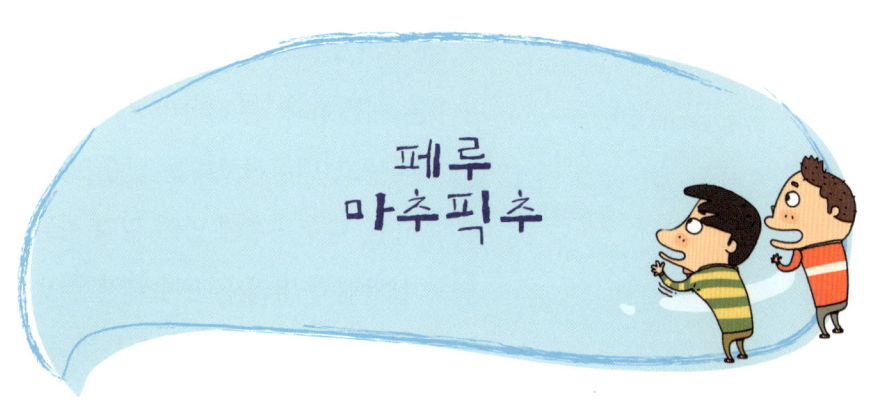

잉카의 흔적, 마추픽추

마추픽추는 높은 산 위에 세워진 아름다운 도시야. 가장 놀라운 것은 2천430미터라는 어마어마한 높이에다 도시를 만들었다는 점이지. 한라산 꼭대기가 1천950미터니까 얼마나 높은 곳인지 상상이 가지? 그렇게 높은 곳에 거대한 성벽과 테라스, 비탈길을 보면 마치 자연이 만들어낸 작품처럼 자연스러워. 이게 바로 잉카 제국*이 만든 산 속의 도시야.

아메리카 대륙에서는 마야 문명, 아즈텍 문명, 잉카 문명이 피어났는데, 이 중에서 가장 화려했던 건 잉카 제국이 안데스 고원에 꽃피운 잉카 문명이야. 안데스 고원은 남아메리카의 서쪽에 7천여 킬로미터나 뻗어 있는 안데스 산맥 꼭대기에 있어.

잉카 제국의 흔적이 가장 잘 남아 있는 곳은 안데스 산맥의 중남부, 우르밤바 계곡 꼭대기에 있는 마추픽추야. 마추픽추는 늙은 산이란 뜻이야.

잉카 제국

15세기에서 16세기 초까지, 남아메리카의 등줄기인 안데스 산맥 쉬리의 쿠스코를 중심으로 번성했던 고대 제국이다. 16세기 총칼을 앞세워 들이닥친 에스파냐 군사를 피해 해발 2천 미터의 안데스 고원, 마추픽추에 공중 도시를 세웠다.

봉우리가 뾰족하지 않고 평평해서 붙은 이름이지. 우리나라 한라산보다는 높고 백두산보다는 낮은 평평한 고원, 마추픽추에 만여 명의 사람이 살았던 문명의 흔적이 남아 있어.

마추픽추는 흔히 공중 도시라고 해. 주위가 깎아지른 절벽과 높은 산봉우리로 둘러싸여 있기 때문이지. 그래서 누구도 쳐들어오지 못할 것 같은 곳이야. 그런데도 잉카 사람들은 마추픽추에 높이 5미터, 두께 2미터의 성벽을 쌓아 요새를 만들었어. 돌을 퍼즐조각 맞추듯 잘도 쌓았는데, 서로 다른 크기의 돌을 한 틈도 남기지 않고 빽빽이 채운 기술은 고개를 절레절레 흔들게 해.

누군가 마추픽추에 쳐들어간다면 '우리가 쳐들어가니 어서 우리를 무찔러 주세요' 라고 떠들어대는 것과 같아. 쳐들어가는 쪽에서는 고개 들어 살펴도 보이는 게 없지만 마추픽추에서는 한 눈에 적의 움직임을 다 살필 수가 있거든.

마추픽추에는 만여 명의 사람이 살기에 부족한 게 없을 정도로 별의별 게 다 있어. 가운데에는 커다란 광장이 있고, 신전, 궁전, 학교, 살림집이 있으며, 물을 긷던 곳은 아직도 사용할 수 있을 정도야. 옥수수와 약초를 키우기 위해 계단식으로 만들어 놓은 밭과, 별을 공부하던 천문대, 전망대, 해시계, 심지어는 지하 감옥까지 갖춰져 있지.

이런 요새를 높은 산마루에 만든 데는 어떤 특별한 이유가 있었던 걸까?

🌿 인간이 살기에 가장 좋은 곳, 고원 도시

　15세기 말, 크리스토퍼 콜럼버스는 대서양을 가로질러 쿠바에 닿았어. 콜럼버스는 네 차례나 쿠바에 드나들었지만 죽을 때까지 쿠바를 인도라고 생각했어. 그래서 아메리카 원주민을 인디언이라고 부르는 웃지 못할 일까지 생겨났지. 어쨌든 콜럼버스 이후에 스페인 사람들은 벌떼처럼 아메리카 대륙으로 금은보화를 찾아 나섰어.
　잉카 사람들은 수준 높은 문명을 이루었지만 스페인 사람들한테는 당해 낼 수가 없었어. 총과 칼을 들이댔거든. 잉카에 없는 수레까지 이용해 싸움을 거는 데는 당할 수가 없었지. 잉카의 두 부족이 서로 싸우던 중이기도 했지만, 유럽 사람들과의 싸움은 처음부터 결론이 보이는 싸움이었어.
　200여 명밖에 되지 않는 스페인 군대는 수만 명이나 되는 잉카 군대를

마추픽추는 페루 쿠스코 시 북서쪽 우루밤바 계곡에 있는 잉카의 유적지다.

가볍게 물리쳤어. 스페인 군대는 잉카의 왕을 잡고, 도시를 망가뜨렸지. 그런데도 항복하지 않고 끝까지 버틴 용감한 사람들이 있었어. 그들이 잉카의 마지막 피난처인 마추픽추로 숨어들었던 거야.

스페인 사람들은 잉카의 땅에서 돈벌이에 나섰어. 당시 좋은 돈벌이는 금과 은이 나오는 광산 그리고 농산품이 나오는 농장이었어. 스페인 사람들은 농장을 짓고, 고원 지대에 사는 원주민까지 데려다 일을 시켰어. 그런

데 잉카 사람들이 시름시름 앓기 시작했지.

스페인 사람들은 잉카 사람들이 꾀병을 부린다고 생각했어. 하지만 그게 아니었어. 잉카 사람들이 죽음에까지 이르게 된 거야. 높은 곳에 살다가 낮은 땅으로 내려오니 몸이 적응을 못한 거야.

이를 보다 못한 스페인 신부가 문명의 수준이 높은 아메리카 원주민을 보호해야 한다며 나섰어. 아메리카 원주민 대신 아프리카에서 사람들을 데려다 쓰자는 거였지. 스페인 사람들은 신부의 말을 따랐어. 스페인 신부는 당시에는 인권 신부라고 불렸는데, 아프리카 사람들의 인권은 미처 생각하지 못한 인권 신부였지.

잉카 사람들이 살던 곳은 평지보다 2천여 미터나 더 높은 곳이야. 높이 올라가면 공기가 성글고, 산소가 부족해. 산소가 부족하면 우리 몸은 산소를 실어 나르는 적혈구를 더 많이 만들어 적응하려고 노력하지.

높은 데 살던 잉카 사람들의 피에는 적혈구가 많아지고, 대신 백혈구는 줄어들었어. 높은 땅에는 파리도 모기도 없고, 전염병을 일으키는 병균이 거의 없거든. 백혈구는 우리 몸을 지키는 군대인데, 적이 별로 없으니 자연히 줄어들었던 거야.

높은 땅이 안 좋은 건 딱 한 가지, 머리가 아프다는 거야. 하지만 손자, 손녀 대에 이르러서는 완전히 적응이 된다고 해. 그래서 어떤 사람들은 고원 지대를 별천지라고 하고, 인간이 살기에 가장 좋은 곳이라 말하기도 해.

짓밟힌 잉카의 복수

마추픽추가 세상에 드러난 것은 미국인 탐험가 빙엄 덕분이었어. 빙엄은 예일 대학의 역사학과 조교수였는데, 궁금한 건 못 참는 사람이었지. 빙엄은 오래된 책에서 이런 글을 보았어.

"매우 높은 산 위에 정교한 기술로 만든 장엄하고 거대한 건물이 우뚝 서 있다."

이런 소문을 듣고 안데스 산맥을 헤매는 사람은 꽤 있었어. 하지만 빙엄만큼 열심인 사람은 아무도 없었어. 비가 오는 날, 탐험대원 모두가 텐트 안에서 꿈쩍도 하기 싫어할 때, 비를 뚫고 뛰쳐나간 사람은 빙엄뿐이었지. 그리고 책에서 보았던 장엄하고 거대한 건물을 두 눈으로 확인한 거야.

사실을 정확히 말하자면 빙엄이 마추픽추의 산정 도시를 발견한 것은 아니야. 빙엄은 어느 원주민을 따라간 것뿐이지. 그 원주민은 돌로 지은 옛 건물이 어디에 있는지 알고 있었거든. 빙엄이 처음으로 마추픽추를 보았을 때는 대부분이 밀림에 덮여 있었어. 빙엄은 몇 년 동안 밀림을 걷어 내고 마추픽추 전체를 하늘 아래 들춰냈지.

잉카 사람들의 건축 기술은 특별해. 잉카의 수도였던 쿠스코에도 돌을 쌓아 세운 건물이 남아 있어. 스페인 군대가 망가뜨리고 남은 것들이야. 그런데 그 건물은 큰 지진이 나도 틈새 하나 벌어지지 않아.

잉카 사람들은 의학 기술도 대단했던 것 같아. 마추픽추와 잉카의 수도였던 쿠스코에서 잉카 사람의 뼈가 나왔는데, 머리뼈에 수술한 흔적이 남아 있어.

수술을 할 수 있었던 것은 아마도 코카라는 식물이 있었기 때문일 거야. 코카는 마약이어서, 아픈 걸 단숨에 잊게 하는 신기한 약이거든. 수술할 때는 도움이 되지만 자주 사용하면 몸과 정신을 다 망가뜨려. 아프지도 않는데 기분이 좋아지려고 이걸 사용하는 사람들 때문에 세계적으로 큰 문제가 될 정도야.

잉카는 유럽 사람들이 놀랄 정도의 문명을 일궜지만 유럽 사람들에게 짓밟혔어. 유럽 사람들은 정복자가 된 기분에 아마 우쭐했을 거야. 그러나 그들을 조롱하는 한 원주민 노인의 말을 들어 봐.

"그들은 우리한테서 모든 것을 빼앗았다네. 그래서 우리는 그들에게 담배와 코카를 주어 그 빚을 갚았다네."

오세아니아 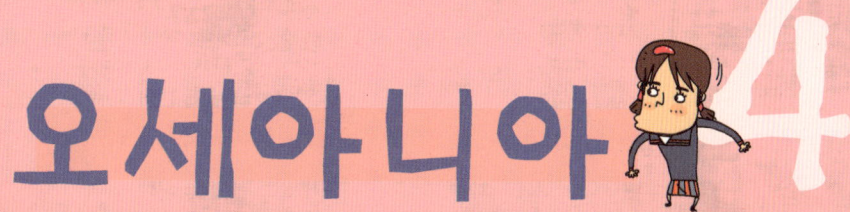4

오세아니아는 유럽 사람들이 드나들던 15세기까지만 해도 간석기 문명에 속해 있었어. 19세기가 돼서야 구석구석에 있는 섬까지 새로운 문명을 만날 수 있었지. 문명의 발달은 늦었지만 그 덕분에 아름다운 자연유산을 마구 파헤치지는 않았어.

오세아니아는 지구 상의 여섯 대륙 중에서 가장 작은 대륙이지만 자연의 아름다움을 타고났어. 화산 활동으로 생긴 기이한 섬들, 거대하고 드넓은 빙하 지형이 그대로 있고, 4만여 년 전부터 인류가 살았던 화석 유적지, 산호초 유적지 등 자연의 아름다운 모습을 잘 간직하고 있지.

그 속에 20세기에 인류가 만들어낸 독특하고, 혁신적이면서도 아름답고 위대한 건축물이 있지. 그건 바로 오스트레일리아의 시드니 오페라하우스야. 전 세계 문화인의 가슴을 설레게 하는 문화유산이지. 세계에서 가장 아름다운 항구 가운데 하나인 시드니 항구는 아름다운 세계 유산을 품고 있어서 더욱 빛이 나. 그 아름다운 세계 유산, 오페라하우스에 가 보자.

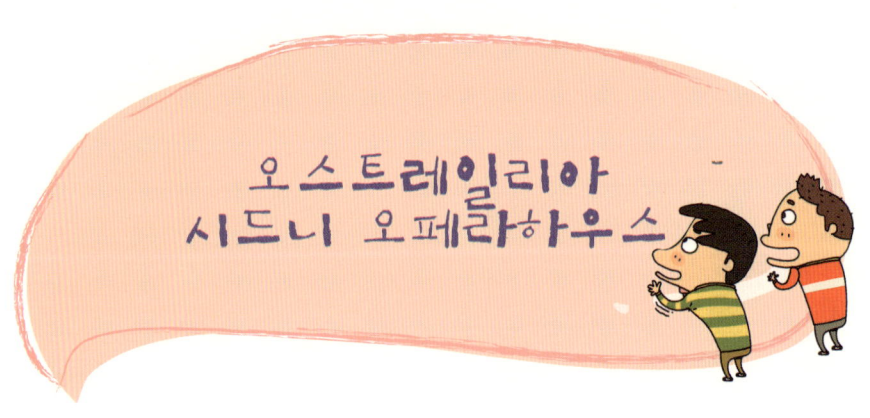

오렌지와 오페라하우스

　세계에서 가장 아름다운 항구, 세 곳을 말하라고 하면 사람들은 브라질의 리오 데 자네이로, 이탈리아의 나폴리와 함께 오스트레일리아의 시드니를 꼽아. 시드니 항구가 아름다운 것은 아마도 극장, 오페라하우스가 있기 때문일 거야.

　시드니 항구의 오페라하우스는 20세기의 위대한 건축물로 칭송받고 있어. 건축 디자인이 아주 독특하면서 창의적이고 누구도 생각 못할 정도로 획기적이거든. 오페라하우스가 지어지기 전까지는 그렇게 파격적인 건축물은 없었어.

　건축의 새 흐름을 만든 이 오페라하우스는 시드니 항구 쪽으로 삐죽 튀어나온 땅의 끝자락에 서서 바다와 함께 그림 같은 경치를 만들어. 건물은 거대한 단 위에 세워졌고 주위는 테라스가 빙 둘러싸고 있어.

조개껍데기와도 같은 아치 모양의 오페라하우스 지붕은 모두 14개의 껍질로 서로 포개져 있는데, 이 껍질들을 모두 맞추면 하나의 완벽한 공이 만들어진다고 해.

시드니에 이렇게 멋진 오페라하우스가 생기게 된 것은 시드니 시민과 예술가들의 노력 덕분이야. 1950년대에 시민들은 예술가들과 함께 시드니 시가 속해 있는 주정부에 몰려갔어.

"공연을 할 수 있는 극장이 우리한테 있으면 정말 좋겠어요."

주정부에서는 고개를 끄덕였어. 그래서 계획을 세웠어. 이왕 만들 거면 아주 훌륭한 오페라하우스를 만들자고 말이야.

주정부는 멋진 디자인을 정하려고 전 세계 건축디자이너에게 소문을 냈어. 국제 공모전을 연 거야. 세계의 건축디자이너들이 자신만의 멋진 디자인을 앞 다투어 응모했어. 덴마크에 사는 디자이너, 요른 우촌도 공모전에 작품을 내려고 연필을 이리저리 굴리며, 디자인을 고민했지. 잠을 잘 때도,

오페라 하우스는 1973년 완공됐다. 이 책에 실린 유산 가운데 가장 최근의 유산이다. 현재 시드니를 상징하는 건물이며 공연 예술의 중심지로, 극장을 비롯해 녹음실, 음악당, 전시장, 도서관 시설을 갖추고 있다.

밥을 먹을 때도 디자인 생각만 했어.

어느 날, 우촌은 역시 같은 고민을 하며 밥을 먹은 뒤에, 후식을 먹으려고 오렌지를 손에 들었어. 우촌은 오렌지 껍질을 까다가 깐 껍질을 다시 오렌지에 붙여 보았어. 우촌의 눈이 반짝 빛났어.

"바로 이거야. 오페라하우스의 지붕을 오렌지 껍질처럼 디자인하는 거야. 독특하면서도 멋진 작품이 나올 게 분명해."

우촌은 손을 부지런히 놀려 디자인을 완성했어. 32개 나라에서 233명의 건축 디자이너들이 우촌처럼 디자인을 보냈어. 이 치열한 경쟁에서 우촌은 오렌지 디자인으로 당당히 우승을 했어.

그러나 기쁜 것도 잠시, 건축가들이 우촌의 디자인 앞에서 난처한 표정을 짓는 거야. 디자인대로 짓기에는 지붕을 세우기가 불가능하다는 거였지. 우촌과 건축가들은 머리를 맞대고 연구를 했어. 2년여를 고민한 끝에 드디어 해결 방법이 나왔는데 그것은 조립식 방법이었어.

디자인 고민이 해결되자 이번에는 공사비가 문제였어. 공사비가 눈덩이처럼 불어나 애초보다 수십 배나 커진 거야. 주정부에서는 예산이 많지 않았기 때문에 복권을 만들어 팔았어. 시민들은 모금 운동을 했어. 건물이 들어설 자리의 땅주인은 많은 사람의 마음을 알아차렸는지 돈을 안 받고 땅을 선뜻 내놓았지.

14년의 긴긴 공사를 끝내고 1973년, 오렌지 껍질은 14개의 조각 지붕으로 태어났어. 눈부시게 하얀 지붕의 독특한 아름다움에 사람들은 환호했어. 빛깔이 희어서 지붕을 조개껍질이라고 생각하는 사람도 있었고, 배의

돛이라고 생각하는 사람도 있었어. 하지만 그 무엇이면 어때. 유난히 푸르른 시드니의 바다와 오페라하우스의 우아하게 굽은 곡선 지붕이 너무나 잘 어울리는걸.

공연의 천국, 오페라하우스

시드니 오페라하우스는 공연의 천국이라고 할 만해. 극장만도 34개나 되고, 연습실, 식당, 도서관까지 있어. 리셉션 홀은 하도 커서 결혼식장으로 안성맞춤이야. 사람들은 오페라를 보러 오페라하우스에 가지만 오페라하우스 건물 자체를 구경하러 시드니에 가기도 해.

오페라하우스 건물을 보려는 사람이 많다 보니, 오페라하우스에서는 안내자와 함께 건물을 돌아보는 투어 프로그램까지 만들어 놓았어. 엘리베이터를 타고 하는 짧은 것도 있고, 무대 뒤를 구경하고, 출연자들만 드나드는 식당에서 식사를 하는 프로그램도 있어. 이때 오페라 가수가 나와서 노래를 불러주기도 해.

낮에 오페라하우스를 구석구석 살피며 무대의 뒤까지 구경했다면, 저녁에는 오페라를 보는 것도 좋을 거야. 오페라는 예술의 종합선물세트라고 할 수 있어. 이야기와 노래 그리고 미술이 한데 녹아 있어서 문화의 꽃이라고 할 만하지. 오페라는 16세기, 이탈리아의 형식을 빌렸지만, 그 누가 즐긴다 해도 행복할 거야.

그런데 오페라하우스가 처음 문을 열었을 때는 아무나 가서 오페라를 즐길 수가 없었어. 흑인들은 아예 얼씬거리지도 못하게 했고, 동양인들도 쉽지 않았다고 해. 그나마 예복과 정장을 갖춰 입어야만 들어갈 수 있었다고 해. 오스트레일리아 정부는 전 세계 사람들에게 손가락질을 당했어. 오페라하우스가 인종 차별하는 것을 눈감아 준다고 말이야.

그러나 눈에 뻔히 보이는 잘못을 언제까지 할 수는 없었지. 이제 시드니하우스에는 일 년에 약 200여 만 명이 나들이하러 오는데, 그 사람들 중에는 피부색이 검은 사람도 있고, 황색인 사람도 있고, 흰 사람도 있어. 오스트레일리아 정부와 오페라하우스에서도 깨달았나 봐. 지구촌 사람들은 사는 곳이 다르고, 피부색이 달라도 서로 어울려 살아가야 한다는 것을.

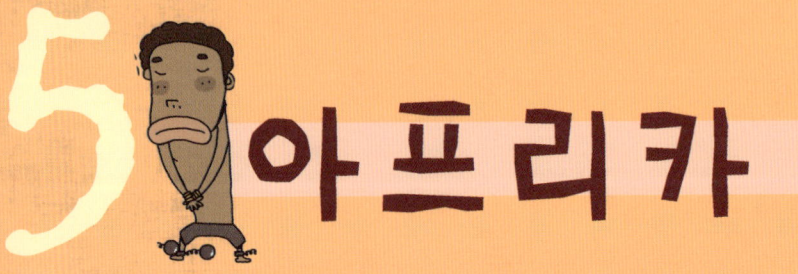

5 아프리카

아프리카는 적도가 꿰뚫고 지나가는 더운 땅이야. 게다가 건조하기까지 해. 덥고 건조한 곳에서 아프리카 사람들은 어떻게 살아갈까? 그런데도 아프리카는 인류의 조상이 가장 먼저 살았던 곳이야. 그것을 어떻게 아느냐고? 에티오피아의 오모 강 하류에 그 흔적이 화석으로 보존돼 남아 있거든. 그래서 문자 없이도 인류 진화의 발자취를 알 수 있는 거지.

아프리카를 암흑 대륙이라고 말하던 때가 있었어. 아프리카의 역사는 빼앗긴 기록일 뿐 변변한 역사가 없다는 뜻이야. 16세기 아프리카는 유럽의 노예 무역으로 얼룩졌거든. 유럽의 힘센 나라들이 탐험에서 발견한 새로운 땅에 거대한 농장을 만들고, 거기서 일할 사람들을 아프리카에서 데려다 노예로 부렸으니까.

아프리카 해안에는 노예 해안이라고 불리는 곳이 있을 정도야. 세네갈의 고레 섬에는 노예를 배에 싣고 가려고 강제로 가두었던 안타까운 역사를 지닌 무역 기지가 지금도 남아 있어.

그러나 아프리카는 일찍 고대 문명이 피어났던 곳이야. 신비스러운 피라미드로 유명한 이집트 문명이지. 그뿐만 아니야. 아프리카에는 서남아시아와 가까워서 이슬람 사원의 유산도 있고, 우리나라의 고인돌처럼 거석 신전도 있고 선사 시대의 유적도 있어. 다만 우리가 아프리카에 대해 잘 알지 못해서 익숙하지 않은 것뿐이야.

이제 신비롭고, 위대하며 안타깝기도 한 아프리카의 유산을 만나 봐.

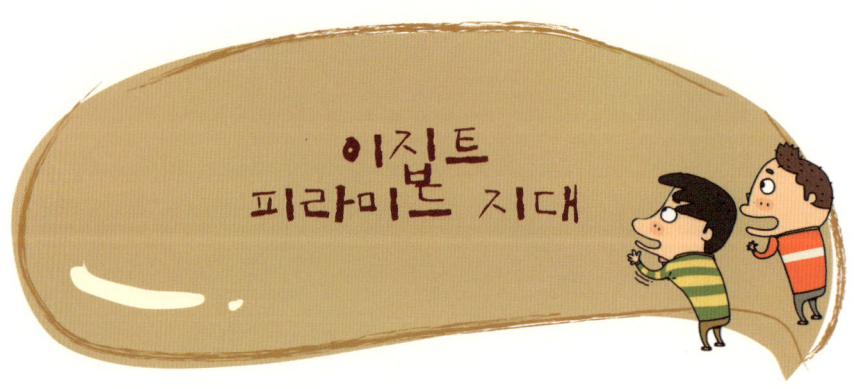

지상 최고의 신비로운 무덤, 피라미드

　이집트에서는 나일 강을 신이라고 믿었어. 이집트는 나일 강을 신이 내린 최고의 선물이라고 생각했지. 사막으로 둘러싸인 이집트에서 나일 강은 생명의 시작이자 모든 것이었으니까. 이집트 사람들은 나일 강과 함께 살면서 인류 최초로 문명을 일으켰고, 인류 최고의 건축물인 피라미드를 쌓았어.

　이집트의 수도, 카이로에서 나일 강을 건너 서쪽으로 한참을 가면, 이집트 고왕국의 수도였던 멤피스가 나와. 멤피스란, '피라미드의 아름다움이 굳세고 끄떡없다'는 뜻에서 나온 그리스 말이야.

　고왕국의 왕들은 멤피스 서쪽의 사막에 피라미드를 쌓았어. 해가 서쪽으로 지는 것처럼 사람도 죽으면 서쪽으로 간다고 믿었거든. 이집트 사람들은 죽은 뒤의 세상을 믿었기 때문에 죽은 뒤에도 살 집이 필요했던 거야.

물론 왕의 가족만 할 수 있는 일이었지.

그러니까 피라미드는 왕과 왕의 가족의 무덤이야. 이들이 죽어 미라가 됐을 때 이를 보호하기 위한 집이 피라미드인 거야.

죽은 자와 함께 갖은 보석들을 묻는 풍습이 있는 곳에서 무덤은 도굴꾼들한테 좋은 먹잇감이야. 얼마나 도굴이 무서웠던지, 신왕조의 왕들은 깊고 깊은 산이나 계곡에 무덤을 만들기도 했어.

기원전 4세기 무렵, 마케도니아가 페르시아를 무찌르러 이집트에 갔을 때, 알렉산더 대왕은 피라미드를 보고 무척 감탄했어. 사막에 이 세상의 것이 아닌 듯한 거대한 피라미드라니, 그동안 듣도 보도 못한 신기한 것이었지. 게다가 그 위대한 건축물이 죽은 자의 집이라는 걸 알고는 더 놀랐지.

죽음 뒤의 세상을 중요하게 여기는 것이 알렉산더에게 매우 새로웠어. 죽어서도 세상을 다스리는 것처럼 보이는 이집트 왕이 더없이 위대해 보이고, 부러웠지. 알렉산더의 가정 교사였던 위대한 철학자, 아리스토텔레스도 이런 걸 가르쳐 주지는 않았어.

사막 위에 어마어마한 크기의 피라미드는 이 세상의 것이 아닌 것처럼 보여. 모서리 4개가 정확히 동서남북을 가리키는 반듯한 네모 위로, 비스듬히 위로 올라가 꼭대기 한 점에서 만나는 사각뿔 모양의 피라미드는 그저 신비로울 뿐이야.

⭐ 피라미드는 과연 누가 만들었을까?

사람들은 피라미드를 보고 적잖이 놀라. 우선 그 크기가 어마어마하거든. 그다음에는 정확한 측정과 각도 때문에 놀라. 도대체 이 굉장한 일을 누가 해냈을까?

고대 이집트는 고왕국, 중왕국, 신왕국으로 나뉘는데, 피라미드가 처음 만들어진 것은 고왕국 3왕조인 제세스 왕 때야. 제세스의 재상이었던 임호테프는 건축은 물론 천문학, 의학, 철학에도 뛰어나, 신으로 모셔질 정도였어.

천재 건축가로 불릴 정도로 뛰어났던 임호테프는 여러 가지 모양으로 왕의 무덤을 만들어 보다가 계단식 피라미드를 처음으로 만들었어. 그건 메소포타미아의 신전, 지구라트 고대 바빌로니아, 아시리아 유적에서 발견된 고대 성탑 와 같은 모습이었지. 이 때문에 어떤 사람은 추측하기를, 임호테프가 바빌론의 기술을 배워서 피라미드를 지은 거라고 해.

헤로도토스

그리스의 역사학자다. 그리스와 페르시아의 전쟁을 다룬 《역사》를 썼다. 수많은 곳을 여행하며 들은 그대로 기록하고 전해지는 것을 그대로 쓴, 발로 뛴 역사가로 유명하다. 이 때문에 그리스의 철학자 키케로는 헤로도토스를 '역사의 아버지'라고 불렀다.

그 뒤, 4왕조 쿠푸의 아버지인 스네프루 왕은 피라미드를 5개나 시도했어. 처음의 둘은 망가뜨리고 셋은 성공시켰어.

피라미드 옆면이 굽은 굴절 피라미드가 이때 태어났지. 피라미드 바닥에 받는 힘을 잘못 계산해서 무너질까 봐 각도를 줄인 거라고 사람들은 믿고 있어. 이때까지도 피라미드 건축이 시험단계였나 봐. 이런 과정을 거친 뒤, 가장 거대한 피라미드가 태어나게 돼.

　이집트의 왕들이 언제까지나 이렇게 멋진 피라미드를 지었던 것만은 아니야. 고대 이집트에서는 피라미드를 하도 많이 지어 나라 살림이 바닥이 날 지경이었거든. 뒷날의 왕들은 돌이 아니라 흙벽돌, 어도비로 무덤을 지어야 했지.

　그리스의 역사가, 헤로도토스*는 피라미드를 만들 때, 노예를 강제로 부

스핑크스는 사람의 얼굴에 사자의 몸을 한 수호신이다. 이집트 제4왕조 카프레왕 때 지어진 가장 오래된 것으로 왕이 살아 있을 때의 얼굴로 조각했다.

려서 갖은 고생을 시켰다고 했어. 그래서 노예에게 채찍을 휘두르는 장면은 별로 낯설지가 않아. 이집트에서 유대 인을 노예로 썼다는 건 잘 알려진 얘기야.

그러나 최근의 학자들은 그게 아니라고 주장하기도 해. 나일 강물이 넘쳐 농사를 지을 수 없는 여름철, 네 달 동안에 농민에게 먹을 것과 입을 것을 주는 좋은 구제 방법이었다는 거야.

채석강에서 노동자들의 낙서로 보이는 게 나왔는데, '집에 가면 배불리 먹어야지', '국왕 만세' 같은 거였거든. 아무리 그래도 강제로 일한 게 아니었을 거라는 얘기에는 고개가 갸웃거려져.

 가장 거대한 피라미드

이집트에는 80여 개의 피라미드가 있는데, 가장 큰 것은 쿠푸 왕의 피라미드야. 그래서 대피라미드라고 불러. 바닥의 모서리가 230미터나 되고, 높이가 146미터나 돼. 대피라미드를 짓는 데 들어간 돌의 무게를 학자들은 약 6~700만 톤으로 짐작해.

230개의 석회암과 화강암으로 쌓았으며, 작은 돌은 2톤 정도지만 큰 돌은 한 개의 무게가 무려 50톤이나 나가. 그런데도 어긋남으로 치면 단 1도도 안 되게 지은 인류 최대의 경이로운 건축이지.

대피라미드 발굴 작업을 할 때 사람들은 입구를 찾지 못해, 드릴로 강제

로 뚫어가며 찾아냈어. 그러나 어렵사리 찾아낸 왕의 방에서는 관 말고는 아무 것도 나오지 않았어. 심지어 그 관은 빈 관이었지.

 어떤 사람들은 도굴꾼들이 훔쳐갈까 봐 왕의 방을 눈속임으로 만들어 놓았다고 주장하기도 해. 피라미드 안에 보물은커녕, 찢어진 천 조각이나 부서진 도자기 부스러기도 보이지 않았거든. 이것은 처음부터 비어 있었기 때문이라는 거야.

대피라미드 안에 다른 공간이 있는지 확인하기 위해 사람들은 정밀 중력계나 전자파 레이더와 같은 현대 기술을 이용했어. 덕분에 왕비의 방과 비밀 공간이 있다는 것을 알아냈어. 하지만 이게 전부야. 더 이상 밝혀진 것은 없어.

쿠푸 왕은 기원전 26세기에 살았던 인물이므로 대피라미드는 지금으로부터 약 4,500년 전에 만든 거야. 대피라미드 옆면은 화강암으로 반들반들 윤을 내고, 꼭대기에 올라갈 마지막 돌은 금과 은을 붙여서 마무리했어.

태양이 떠오르면 거대한 피라미드는 눈부신 햇빛을 황홀하게 반사시켰을 거야. 신처럼 떠받드는 왕이 죽은 뒤에 영원한 생명을 얻어 살 곳으로 부족함이 없어 보였겠지.

그러나 지금은 꼭대기의 장식은 사라졌고, 겉에 장식했던 화강암이 떨어져 나가 속살이 다 드러나 있어. 심지어는 피라미드의 돌을 가져다 집을 짓는 데 쓰기도 했지. 이렇게 화려했던 겉옷이 다 벗겨졌을망정 피라미드는 아직도 인류 최고의 건축물로 사람들 마음을 설레게 해.

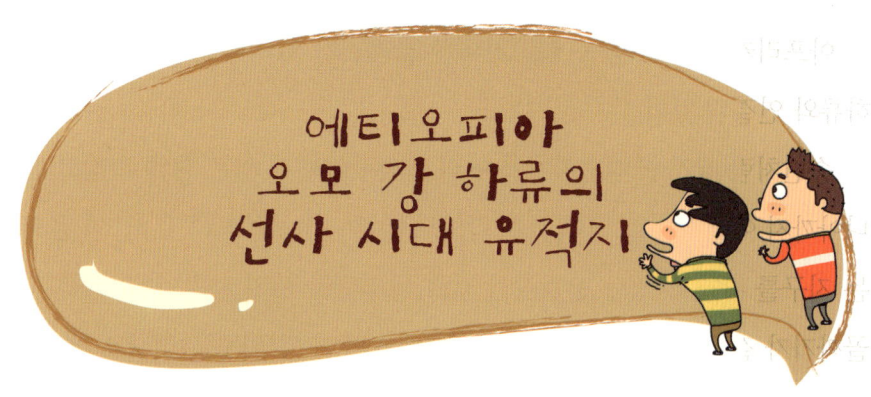

자연사 박물관, 오모 강 하류

아프리카 동쪽, 에티오피아에는 인류가 어떻게 진화했는지를 보여 주는 중요한 곳이 있어. 에티오피아 남서부에 있는 오모 강 하류 지역이야.

이곳에서 수백만 년이나 되는 화석들이 나왔어. 화석의 주인공들은 여러 종류야. 처음으로 현생 인류로 불린 슬기 사람(호모 사피엔스), 슬기 사람보다 더 앞서 살았던 손 쓴 사람(호모 하빌리스), 허리를 곧추 세웠던 곧선사람(호모 에렉투스), 남방의 원숭이라고 불리는 오스트랄로피테쿠스 등이야. 이렇게 여러 종류의 화석이 나오는 오모강 하류는 인류 진화의 발자취를 읽을 수 있는 자연사 박물관과 같아.

같은 장소에서 여러 시대의 화석이 나오는 것은 흔한 일이 아니야. 다른 시대의 화석은 서로 다른 지층에 쌓여 있거든. 그렇다면 서로 다른 시대의 화석이 발견되고 있는 오모 강 하류는 어떻게 된 걸까?

아프리카 대륙의 동쪽에는 거대한 골짜기가 있어. 그 골짜기는 오모강 하류와 연결돼 있어.

송편처럼 생긴 에티오피아와 에티오피아 아래에 있는 케냐 그리고 탄자니아까지 이어지는 그 골짜기를 리프트 밸리 The Rift Valley 라고 해. 이 골짜기는 지구를 감싸고 있던 땅껍질이 서로 밀리면서 생겨났어. 이때 움푹 파인 골짜기가 갈라지면서 땅 속에 있던 여러 층들이 땅 위로 드러나게 됐지. 리

프트는 갈라진 곳이라는 뜻이야.

여러 가지 색깔 찰흙을 차례로 쌓고, 가운데를 한꺼번에 잘라, 잘린 면이 위로 오게 기울여 봐. 여러 층이 한꺼번에 보이지. 이렇게 갈라진 곳에서 용암이 솟아나기도 했어. 용암에 타버린 화산재가 날려 골짜기의 끄트머리에 있는 오모 강 근처에 쌓이기도 했지. 오모 강 주변은 호수가 되기도 하고, 비바람에 휩쓸리기도 하고, 사막처럼 마르기도 했어.

아주 오랜 세월동안 이런 저런 과정을 거치면서 여러 시대의 화석들이 땅 위에 드러났던 거야.

화석으로 인류의 역사를 밝히다

1930년대, 오모 강 아래 줄기 근처에 사람들이 모여들었어. 프랑스의 고인류학자들이 화석을 찾으러 나선 거야. 고인류학자는 현생 인류와 원시 인류를 공부하는 사람들이야. 이들은 첫 발굴에서는 아무것도 찾지 못했어.

30여 년이 지난 뒤, 1960년대 다시 발굴이 시작됐어. 에티오피아의 황제가 화석을 찾는데 필요한 돈을 대주기로 했거든. 이번에는 미국과 케냐의 학자들도 모여들었어. 7년여에 걸쳐 모두가 땀을 흘리며 화석을 찾는데 열중했지.

프랑스의 학자였던 이브 코팽은 뒤늦게 조사팀에 끼었어. 그런데 운이 좋게도 얼마 되지 않아 화석을 발견했어. 아주 튼튼해 보이는 턱 화석이었지. 그것은 자그마치 260만 년에서 250만 년이나 된 오스트랄로피테쿠스의 것이었어.

오스트랄로피테쿠스는 '남쪽에서 온 원숭이'란 뜻으로, 450만 년 전에서 250만 년 전에 살았다고 추정하는 인류야. 사람이 가지고 있는 특성이

조금씩 보이고, 인류의 조상으로 믿는 화석 가운데 맨 처음 발견된 것들이지.

두 다리로 반듯하게 서서 걸었으며, 뇌의 크기도 높은 발달 단계에 있었어. 서로 모여서 살며, 성별에 따라 일을 나눴다고 해. 주변에서 식물을 모으거나, 다른 힘센 동물들이 잡아먹고 남은 고기 찌꺼기를 먹기도 했대.

오스트랄로피테쿠스의 턱 화석은 단지 시작일 뿐이었어. 얼마 지나지 않아 오모 강 아래 줄기에서 무려 30여 개나 되는 화석이 나왔어. 오스트랄로피테쿠스에 속하는 것이었는데 네 종류나 됐지.

나중에는 호모 에렉투스, 호모 하빌리스의 화석은 물론, 호모 사피엔스의 화석도 찾았어. 이들은 오스트랄로피테쿠스보다 진화한 것들이지. 호모 에렉투스는 허리를 곧추세우고 걸었던 인류야. 호모 하빌리스는 손을 자유롭게 사용했으며, 호모 사피엔스는 슬기 사람으로 현생 인류야.

고인류학자들이 찾아낸 화석의 주인이 누구인지 알아내려면 하나도 허투루 보면 안 돼. 우선 머리뼈 모양을 꼼꼼히 살펴야 해. 턱은 들어갔는가, 이마는 높은가 같은 것을 따져야지.

머리뼈로 감쌀 수 있는 뇌가 얼마나 큰가하는 것도 중요한 정보야. 또 이빨은 나이를 알 수 있게 해 줘. 이빨이 몇 개인가, 사랑니가 났는가, 송곳니, 어금니 모양은 어떤가, 어금니는 얼마나 달았는가를 살피지.

무릎뼈도 중요한 단서야. 무릎뼈는 두 다리로 걸었는지를 확인할 수 있게 해 줘. 원숭이 종류는 무릎뼈가 완전한 원처럼 동그랗고, 사람은 계란처럼 길쭉한 타원 모양이야.

또 탄소연대측정법*을 이용해서 얼마나 오래된 화석인가 연대를 잴 수 있지.

이렇게 연구한 것을 인정받기 위해서는 결과 보고서를 만들어야 해. 보고서에서는 충분히 증거를 들어가며 주장을 해야 같은 분야를 공부하는 사람들이 고개를 끄덕이게 돼. 이런 과정을 거쳐 발견된 화석이 인정을 받기까지는 수십 년이 걸리기도 해.

오모 강 하류에서 발견된 화석도 이런 절차를 성공적으로 마쳐서 현생 인류인 슬기사람의 연대를 13만 년 전으로 올려놓았어. 그동안 믿어 왔던 것보다 두 배나 오래전으로 바꾼 거지.

탄소연대측정법

자연에는 산소, 수소, 탄소와 같은 90여 가지가 있다. 이들 중에는 같은 이름을 가진 원소가 300여 가지가 된다. 탄소는 무게에 따라 12탄소, 13탄소, 14탄소 3가지인데, 살아 있는 생명체에서 모두 같은 비율로 존재한다. 12탄소는 98.89퍼센트를 차지해 단단하게 어깨동무 하고 있어 안정적이다. 나머지는 불안정하다. 생명체가 죽으면 불안정한 탄소는 줄어들기 시작하는데, 이들이 줄어드는 데 걸리는 시간이 늘 일정하다. 5천730년마다 반씩 줄어든다. 20개가 10개로 되는데 5천730년이 걸리고 10개가 5개가 되는데 또 5천730년이 걸리는 식이다. 이런 성질을 이용해서 화석이 발견되면 화석에 있는 불안정한 탄소의 수를 계산해서 화석이 얼마나 오래됐나 알아낼 수 있다.

★ 사람의 조상은 원숭이?

침팬지가 진화해서 사람이 되는 걸까? 혹시 이런 고민을 하는 사람이 있다면 괜한 고민이야. 침팬지는 사람과 98.4퍼센트나 같지만 아무리 오랜 세월이 흘러도 사람이 될 수는 없거든. 서울과 부산은 대한민국에 속하지만 서울은 부산이 될 수 없는 것과 같아. 나무뿌리가 같다고 해서 맨 끝에 있는 잔가지가 옆에 있는 잔가지로 바뀔 수 없는 것과도 같은 이치야.

19세기에 영국의 생물학자, 찰스다윈이 인간은 진화한다는 글을 발표했을 때 세상이 발칵 뒤집혔어. 《종의 기원에 대하여》라는 글이었는데, 환경에 따라 생명체가 변화한다는 게 글의 뼈대였지. 오랜 세월동안 자연환경에 맞게 인간이 진화했다는 얘기는 신이 세상을 만들었다는 창조론과는 영 딴판인 거야.

다윈과 같은 생각을 하는 사람들은 19세기, 20세기를 거치면서 인류의 진화를 설명하는 수많은 자료를 찾아냈어. 그들은 고인류학자들이야. 고인류학자들은 현생 인류와 현생 인류의 조상, 원시 인류의 화석, 뼈, 도구를 찾아냈지.

세상 곳곳에서 그런 것들이 나왔는데, 특히 아프리카에서는 가장 오래된 것이 가장 많이 나왔어. 그중에서도 오모강 하류는 화석의 보물 창고인 셈이야.

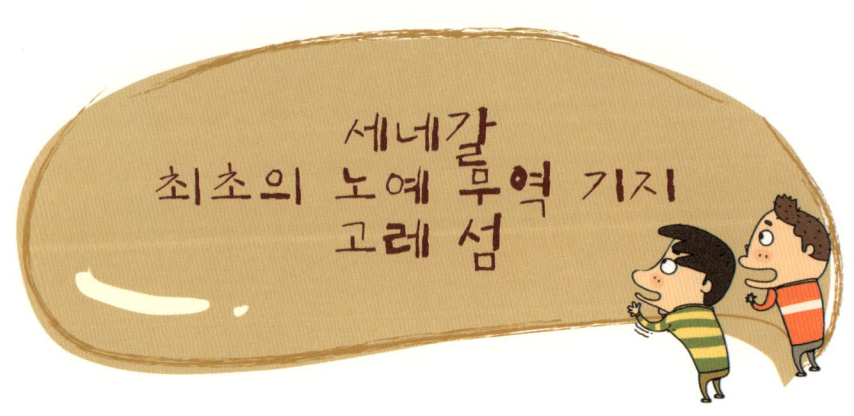

세네갈 최초의 노예 무역 기지 고레 섬

 노예를 나르던 곳, 고레 섬

아프리카 대륙의 서쪽에는 대서양 쪽으로 툭 튀어나온 땅이 있어. 세네갈 영토인 그 땅 바로 앞에 해마처럼 생긴 고레 섬이 있는데, 길이가 9백여 미터밖에 되지 않을 정도로 작아.

이 작은 섬은 아프리카의 슬픈 역사를 갖고 있어. 아프리카 사람들이 유럽 사람들에게 노예로 팔려갈 때, 쇠사슬에 묶인 채로 갇혀서 배를 기다리던 곳이야.

'고레'는 닻을 내리기 좋은 곳이라는 뜻이야. 포르투갈 사람들은 아프리카 동부 해안을 따라 탐험을 하다가 15세기에 이곳에 닻을 내리고 섬을 차지했어. 원래 살고 있던 아프리카 레부 족은 힘센 포르투갈 사람들을 이기지 못해 밀려났지.

그 뒤 네덜란드가 이 섬을 지배하다가, 17세기에는 영국, 프랑스, 네덜란드, 포르투갈의 씨름판이 됐어. 영국이 차지했다가, 다시 네덜란드로, 또다시 영국에서 프랑스로 넘어갔지.

아프리카의 작은 섬을 서로 차지하려고 치열한 싸움을 벌인 데는 다 이유가 있어. 아프리카는 유럽의 열강들에게 달콤한 케이크였고, 고레 섬은 케이크를 떠먹기 좋은 접시 같았기 때문이야.

크리스토퍼 콜럼버스가 아메리카 대륙을 탐험한 뒤로 유럽의 나라들은 새로운 땅을 식민지로 개척하는 데 열을 올렸어. 아메리카 열대 기후 지역에서 자라는 사탕수수, 코코아, 커피, 담배는 유럽 사람들을 열광하게 만들었지.

아침에 설탕을 넣은 카페오레를 먹는 것이 프랑스식 아침 식사라며 유행이 됐을 정도야. 유럽 사람들의 입맛을 맞추려고 아메리카 식민지에는 커다란 농장이 생겨났어.

그런데 농장에서 일할 사람은 턱없이 부족했지. 돈 냄새를 기막히게 맡는 장사치들은 노예를 찾아 코를 킁킁거리며 고레 섬으로 모여들었어.

도넛처럼 생긴 이 건물은 1536년 포르투갈 사람들이 지었고 1776년 네덜란드 사람들이 다시 지은 '노예의 집'이다. 2층은 상인들이 1층은 노예를 가두는 방으로 사용됐다. 지금은 박물관으로 사용한다.

고레 섬에는 유럽의 옛 성처럼 보이는 건물이 있어. 바로 노예의 집이야. 1536년, 포르투갈 사람들이 지었고, 1776년에 네덜란드 사람들이 다시 지은 거야. 2층에는 노예 상인들의 방이 있었고, 1층에는 노예를 가두는 방이 있었지.

겉에서 보면 멀쩡한 건물이지만 창문도 없는 조그만 방에서 아프리카 사람들은 목과 팔이 쇠사슬에 묶인 채로 수십, 수백 명씩 갇혀 있었어. 언제 올지 모르는 배를 기다리며 길게는 세 달씩이나 갇혀 있어야 했지. 지금은 박물관으로 바뀐 이곳 벽에는 아직도 당시에 노예를 옭아맸던 쇠사슬이 걸려 있어.

 ## 비극적인 삼각 무역의 중심지

흑인 노예의 시작은 서사하라 연안에서 포르투갈 선장이 흑인 남녀 한 쌍을 납치하면서 시작됐어. 1441년 포르투갈 선장이 자신에게 일자리를 준 왕자를 기쁘게 해 주려고 한 일이었지.

그 뒤에 포르투갈 사람들은 탐험 도중 여행 경비를 마련하려고 흑인을 잡아들여 노예로 팔아넘겼어. 곧 네덜란드, 영국, 프랑스가 그 뒤를 이었고, 스웨덴과 덴마크도 따라나섰지.

18세기에는 노예의 수가 극에 달해 인류 역사상 들도 보도 못한 인구의 대이동이 시작됐어. 350여 년 동안 1천200만에서 1천500만 명이 노예사

냥에 엮여 강제로 팔려나갔던 거야. 2천만 명에서 3천만 명의 노예가 팔려나갔다고 하는 학자도 있어.

　노예 상인들은 유럽의 공장에서 만들어낸 싸구려 물건들을 배에 싣고 고레 섬으로 갔어. 가짜 진주 목걸이, 여러 가지 색깔의 유리구슬, 물을 타서 두 배로 양을 늘린 술, 옷감, 쇠막대, 화약, 소총 같은 것이었는데, 아프리카 추장에게 줄 선물이었지.

　아프리카 추장은 이웃해 있는 마을을 습격해서 잡은 흑인을 가두고 기다리고 있다가 노예 상인의 선물과 맞바꿨어.

　고레 섬은 노예 무역의 본거지가 됐어. 유럽 장사꾼들은 아프리카 사람들을 '검은 황금'이라 부르며 고레 섬에서 300년 동안이나 노예 무역을 했지.

　고레 섬뿐만 아니라 배를 댈 수 있는 거의 모든 해안에서 사람, 물건을 가리지 않고 배에 실었어. 고레 섬 아래쪽에 있는 해안은 노예 해안, 황금 해안, 상아 해안, 곡물 해안, 후추 해안이란 이름이 붙을 정도였지.

　노예를 가둔 배 안의 지하 방은 사람들로 가득 차 몸을 돌릴 수도 없었어. 바람 한 줄기, 햇빛 한 점 들어오지 않는 공간에서 흑인들은 땀을 비처럼 흘렸지.

흑인 노예를 묶어 앉매던 쇠사슬

거추장스러운 쇠사슬과 오물통에 숨이 막힐 듯했으며, 아이들은 오물통에 빠져 죽을 고비를 넘기기도 했어. 이 생지옥에서 열에 한 명은 죽어나갔고, 도망치려고 바다로 몸을 던져 상어 밥이 되기도 했지. 반란을 일으켰다가 죽임을 당하는 노예도 많았어.

노예한테는 끼니를 거르는 것도 죄였어. 입을 열지 않는 노예한테는 벌

젛게 달군 석탄을 들이댔지. 그렇게 강제로 입을 벌리고 금속으로 된 깔때기를 목구멍에 꽂아 음식물을 흘려 넣었어.

긴 항해가 끝나면 노예는 몸무게, 나이, 건강 상태에 따라 아메리카의 농장 주인에게 팔려나갔어. 미국의 동쪽 해안에 있는 영국의 식민지와 서인도 제도, 브라질에 팔렸고, 스페인 땅이던 멕시코, 페루, 콜롬비아, 베네수엘라에도 팔렸어.

가족이라 하더라도 아빠는 미국으로, 엄마는 브라질이나 쿠바로, 아이는 서인도 제도로 팔려 나가기도 했지. 이들이 이동할 때는 목에 멍에를 씌웠으며, 자칫 눈 밖에 나면 어김없이 채찍이 날아왔어.

노예를 실었던 배의 지하 창고는 아메리카 대륙에서 설탕, 커피, 고무, 상아와 값비싼 목재 같은 토산품으로 채웠어. 노예 상인은 유럽에서 이것들을 되팔아 배를 불렸고, 아메리카에 팔려간 노예는 짐승만도 못한 끔찍한 현실을 견뎌야 했어.

이렇게 유럽과 아프리카와 아메리카 대륙을 잇는 무역을 삼각 무역이라고 해. 이 비극적인 삼각 무역의 중심에 고레 섬이 있었던 거야.

 지울 수 없는 과거

노예 제도는 19세기가 돼서야 사라지기 시작했어. 영국은 1833년에, 미국은 1865년 남북 전쟁에서 북군이 이기면서 없앴지. 그러나 대부분의 나라가 20세기에야 폐지했어.

1992년 교황, 요한 바오로 2세가 고레 섬에 찾아갔어. 유럽 사람들이 아프리카 땅을 갈기갈기 찢고, 노예를 사냥해서, 짐승만도 못하게 팔아 넘겼던 과거의 잘못을 빌러 간 거야.

고레 섬에 가기 전, 1985년에는 '아프리카 사람들에게 강제 노동을 시킨 유럽과 아메리카 대륙의 기독교인들을 용서해 달라'며 빌기도 했지.

2006년, 유럽과 남아메리카도 선조들의 노예 매매에 대해 용서를 빌었어. 2006년 자크 시라크 프랑스 대통령은 '노예 제도는 씻지 못할 오점'이라고 고백했어. 브라질의 룰라 대통령도 '브라질은 흑인 노예에 대해 역사적으로 빚을 지고 있다'고 말했지.

2008년 여름에는 미국 하원 의원들이 결의안을 발표했어. '아프리카 사람을 강제로 노예로 삼아 그들의 이름과 유산을 잔인하고 치욕스럽고 비인간적으로 빼앗았던 걸 사죄한다'는 거야. 더불어 흑인 차별법으로 지금까지 고통받는 사람들에게 용서를 비는 거였어.

용서를 빈다고 해서 과거가 사라지는 것은 아니겠지. 하지만 지금이라도 잘못을 뉘우치고 용서를 구하는 것이 고레 섬에서 인격을 모독당한 아프리카 사람들에 대해 최소한의 예의를 지키는 거겠지. 그게 바로 함께 사는 세상을 아름답게 만드는 지혜일 거야. 둥글둥글 지구촌 사람들이 어깨동무할 수 있는 따뜻한 세상 말이야.

세계 유산 이해하기

세계 유산이란 무엇일까요?

이 책에서 소개한 지구촌 문화유산은 모두 유네스코가 정한 세계 유산이에요. 유네스코는 유엔의 기구 가운데 하나로 국제연합 교육 과학 문화기구 United Nations Educational, Scientific and Cultural Organization: UNESCO 의 영어 첫 글자를 따서 만든 이름이지요.

2009년에 유네스코는 우리나라의 동의보감, 제주도 화산섬과 용암 동굴을 세계 유산으로 새로 등록했어요. 이말은 지구촌 모든 나라가 힘을 모아 지켜야 한다는 뜻이지요. 유네스코는 어떻게 세계 유산을 등록하는 일을 하게 됐을까요?

50여 년 전, 아프리카 이집트에서는 나일 강에 댐을 세우기로 했어요. 나일 강이 자주 말라서 농사지을 물이 부족했거든요. 그런데 댐을 짓는다는 소식이 퍼지자 세상이 시끄러워졌어요. 강 주변에는 인류의 중요한 역사 유적과 신전이 있었는데, 댐이 생기면 물에 잠기게 생겼거든요.

이집트 정부는 유적지를 두고 서로 마주보고 있는 수단 정부와 고민을 했어요. 그리고 문화에 관심을 기울이고 있는 유네스코에 도와 달라고 부탁했어요. 유네스코는 문화, 교육, 과학에 관한한 지구촌 여러 나라가 어깨 동무하고 돕기 위해 만들어진 기구니까요.

유네스코에서는 바로 회의를 열었어요. 고고학자를 불러 조사도 했어요. 유네스코는 강가의 신전과 유적들이 지구촌의 소중한 보물이라고 판단했어요. 그래서 이들 유산을 구하자는 캠페인을 벌였어요. 그러자 40여 개 나라들이 두 팔을 걷고 나섰어요.

어마어마하게 큰 신전을 원래 위치보다 65미터 높은 곳으로 옮기는 대공사가 벌어졌어요. 그 신전은 돌로 만든 아부심벨 신전이었는데, 한꺼번에 옮길 수가 없어 30톤짜리 블록으로 자르니 1천36개나 됐어요. 이것을 나누어 옮기고 송진으로 다시 붙였어요. 수많은 사람이 땀을 흘린 결과, 1968년에 완벽한 모습의 신전이 재탄생했지요. 나머지 유적도 안전한 곳으로 옮겼어요.

이 일을 하고 나니, 세계 유산을 보호하기 위해서는 지구촌 모든 이가 힘을 합쳐야 한다는 것을 알게 됐어요. 그래서 '세계 유산'을 정해 보호하자고 여러 나라가 약속을 했어요. 그 가운데에는 물론 유네스코가 있었지요. 이렇게 해서 1979년 처음으로 세계 유산이 정해졌어요. 2009년 7월 기준으로 지구촌에는 문화유산 689건, 자연유산 176건, 복합유산 25건으로 모두 890건이 등록돼 있답니다.

세계 유산의 종류는 어떤 것이 있을까요?

이 책에서는 문화유산의 일부만을 다뤘지만 세계 유산에는 여러 종류가 있어요. 유네스코에서는 세계 유산을 문화유산, 자연유산 그리고 이 둘의 특성을 모두 갖춘 복합유산으로 나누었어요. 문화유산은 유적, 건축물, 장소로 세계적 가치가 있는 유산을 등록하며, 자연유산은 매우 아름답거나 과학적으로 세계적 가치가 있는 자연 지역을 등록해요. 복합유산은 문화와 자연의 가치를 모두 지닌 유산이지요.

또한 세계적으로 중요한 가치를 지닌 책, 신문, 포스터처럼 기록 형태의 유산도 1995년부터 세계 기록유산으로 정해서 보호하고 있어요.

2001년부터는 인류 무형 문화유산 대표목록을 정했어요. 춤과 놀이처럼 사람의 몸으로 보여줄 수 있을 뿐 형태로 보존할 수 없는 것도 소중한 가치가 있으니까요.

우리나라의 세계 유산 - 총 23가지

- **세계 문화유산**: 경주 역사유적 지구, 고인돌 유적, 불국사와 석굴암, 수원화성, 종묘, 창덕궁, 해인사 장경판전.
- **세계 자연유산**: 제주 화산섬과 용암 동굴.
- **세계 복합유산**: 없음.
- **세계 기록유산**: 동의보감, 승정원일기, 조선왕조 실록, 조선왕조의궤, 직지심체요절, 해인사 팔만대장경과 여러 경판, 훈민정음.
- **인류 무형 문화유산 대표목록**: 강릉 단오제, 종묘 제례와 종묘 제례악, 판소리, 강강술래, 남사당, 영산재, 제주 칠머리당영등 굿, 처용무.

※우리나라 세계 유산은 2009년 7월 기준으로 총 23가지인데 해마다 새로 등록돼 늘어나고 있다.

함께 사는 세상 5

둥글둥글 지구촌
문화유산 이야기

초판 1쇄 발행 2009년 12월 26일 | **초판 8쇄 발행** 2022년 3월 15일
글쓴이 한미경 | **그린이** 유남영
사진 두산백과·정용희·하신정·이우정·송정·정연경·정은경
펴낸이 홍석 | **이사** 홍성우 | **편집부장** 이정은 | **편집** 조응연·박고은·이은경 | **디자인** 서순영
마케팅 이송희·한유리·이민재 | **관리** 최우리·김정선·정원경·홍보람·조영행
펴낸곳 도서출판 풀빛 | **등록** 1979년 3월 6일 제2021-000055호
주소 서울특별시 강서구 양천로 583 우림블루나인 A동 21층 2110호
전화 02-363-5995(영업) 02-362-8900(편집) | **팩스** 070-4275-0445
전자우편 kids@pulbit.co.kr | **홈페이지** www.pulbit.co.kr
블로그 blog.naver.com/pulbitbooks | **인스타그램** instagram.com/pulbitkids

ⓒ 한미경, 2009

ISBN 978-89-7474-641-4 74900
ISBN 978-89-7474-913-2 (세트)

이 도서의 국립중앙도서관 출판시도서목록(CIP)은 서지정보유통지원시스템 홈페이지(http://seoji.nl.go.kr)와
국가자료공동목록시스템(http://www.nl.go.kr/kolisnet)에서 이용하실 수 있습니다.
(CIP제어번호: CIP2009003869)

* 책값은 뒤표지에 표시되어 있습니다.
* 잘못된 책은 구입하신 곳에서 바꿔드립니다.

품명 아동 도서	**제조년월** 2022년 3월 15일	
사용연령 10세 이상	**제조자명** 도서출판 풀빛	
제조국 대한민국	**연락처** 02-363-5995	
	주소 서울특별시 강서구 양천로 583 우림블루나인 A동 21층 2110호	
주의사항 종이에 베이거나 긁히지 않도록 조심하세요.		
책 모서리가 날카로우니 던지거나 떨어뜨리지 마세요.		
KC마크는 이 제품이 공통안전기준에 적합하였음을 의미합니다.